Percursos pela
África e por Macau

Estudos Literários 18

BENILDE JUSTO CANIATO

Percursos pela África e por Macau

Ateliê Editorial

Copyright © 2005 Benilde Justo Caniato

Direitos reservados e protegidos pela Lei 9.610
de 19 de fevereiro de 1998.

É proibida a reprodução total ou parcial
sem autorização, por escrito, da editora.

Apoio

Dados Internacionais de Catalogação na Publicação (CIP)
(Câmara Brasileira do Livro, SP, Brasil)

Caniato, Benilde Justo
  Percursos pela África e por Macau / Benilde
Justo Caniato. – Cotia, SP: Ateliê Editorial,
2005.

  ISBN 85-7480-276-X

  1. África lusófona – Descrição e viagens
  2. Linguagem e cultura – África lusófona
  3. Linguagem e cultura – Macau (China) 4. Macau
  (China) – Descrição e viagens I. Título.

05-4310   CDD-469.7

Índices para catálogo sistemático:

1. Língua portuguesa e cultura literária: África
   portuguesa e Macau: Lingüística   469.7

Direitos reservados à
Ateliê Editorial
Estrada da Aldeia de Carapicuíba, 897
06709-300 – Granja Viana – Cotia – SP
Telefax: (11) 4612-9666
www.atelie.com.br / atelie_editorial@uol.com.br
2005

Printed in Brazil
Foi feito depósito legal

Sumário

Uma Saudação – *Maria Aparecida Santilli* 9

Explicação *11*

1. A Língua Portuguesa nos Países Africanos *13*
2. A Presença Africana na Língua Portuguesa do Brasil *23*
3. Língua de Cultura em Cabo Verde *35*
4. Cabo Verde: O Drama da Partida em sua Literatura *47*
5. *Hora di Bai*: Típica Síntese de Cabo Verde *61*
6. Morna – Expressão do Lirismo Cabo-Verdiano *71*
7. Aculturação Lingüística em Luandino Vieira *77*
8. O Sentimento da Angolanidade em Arnaldo Santos *85*
9. A *Fala* como Autodeterminação do Povo Angolano em Boaventura Cardoso *93*
10. Garcia Bires: Poeta-Contexto-Povo *103*
11. O Espaço Cultural Português em Macau *111*

Uma Saudação

◆

Diz-se que saudar, além de cumprimentar, é manifestar apreço ou satisfação por um ato de mérito. Pois cumprimentar será um início pertinente para estas palavras introdutórias. A publicação conjunta de onze textos com o título de seu traço de união, *Percursos pela África e por Macau*, comporta, efetivamente, uma saudação. São poucos, e no Brasil até raros, os estudiosos dedicados à cultura de países africanos e de Macau, a partir do questionamento da língua portuguesa em suas variantes, nessas tão diversas regiões para onde se transportou.

Não será este, entretanto, o único motivo para contentamento. O mérito que cabe prioritariamente computar é devido ao fato de os onze textos de Benilde Justo Caniato constituírem um estimável suporte para os atuais e futuros pesquisadores nesse campo de investigação, sobretudo pela natureza e qualidade das informações e análises que apresenta "sobre a valorização da língua como suporte de cultura literária", nas escalas de suas peregrinações, "na medida em que os discursos são construídos como forma de expressão a assinalar a identidade desses espaços geográficos", conforme a própria Autora define em explicação preliminar.

Os pontos focais, com as peculiaridades devidas às diferentes escalas que os *Percursos* instituem, até parecem abeberar-se nas ondas poéticas que a épica camoniana pontuou. Redesenham, com âncoras culturais, um trajeto pelas costas da África que, descartando qualquer risco de cabo das tormentas, determina o ponto de chegada em Macau. É indubitavelmente um tento para situar-se entre rotas pioneiras, de atuais descobertas no mundo amplo e diversificado das linguagens.

Estes *Percursos pela África e por Macau* primam pela clareza e concisão. Como se embalados também nos ventos de *Seis Propostas para o Próximo Milênio*, podem, ainda, pela conseqüente leveza, viabilizar o acesso ao conhecimento que portam a um maior e vário universo de leitores.

Por fim, vale retomar o princípio. São múltiplas as razões para, nestas palavras introdutórias, saudar.

MARIA APARECIDA SANTILLI

Explicação

———◆———

Neste livro procurei reunir onze textos que tenho escrito desde que fiz o meu mestrado na Universidade de São Paulo, no início dos anos 1980. São comunicações em encontros nacionais e internacionais, artigos publicados em atas, jornais e revistas do Brasil e de Portugal*.

Os textos versam sobre a África portuguesa e Macau. Alguns foram elaborados na década de 1980, outros na de 1990 e há os que datam dos anos atuais.

Desde o final dos anos 1970 tenho me interessado pela cultura dos países africanos de língua portuguesa. Nessa ocasião, freqüentei a disciplina Literaturas africanas de língua portuguesa, do curso de pós-graduação, disciplina que abria uma nova área de estudos na Universidade de São Paulo, a primeira universidade brasileira a introduzi-la. Maria Aparecida Santilli foi quem, abrindo caminhos, iniciou esta área, tendo, posteriormente, orientado minha dissertação de mestrado sobre o romance de Cabo Verde, *Hora di Bai*, do saudoso Manuel Ferreira.

---

* Indico em nota de rodapé os lugares e as datas da primeira apresentação ou publicação dos textos. Os títulos nem sempre correspondem aos que foram primeiramente publicados ou apresentados em comunicações, mesmo porque, como os textos foram revistos, emendados e acrescentados, os títulos por vezes não estão de acordo com os originais.

Na década de 1990, quando ingressei na área de pós-graduação de Estudos Comparados das Literaturas de Língua Portuguesa, área coordenada por Benjamin Abdala Jr., continuei trabalhando com escritores da África portuguesa, especialmente os de Angola e Cabo Verde.

Meu interesse por Macau surgiu no Simpósio Internacional da Língua Portuguesa em África e no Oriente, organizado pelo Liceu Literário Português do Rio de Janeiro, em 1995. No ano seguinte fui a Macau, quando tive oportunidade de entrar em contato com a cultura portuguesa do então Território de Portugal.

Simplicidade e clareza nos textos que aqui apresento, como tenho feito em aulas, palestras e comunicações de congressos e colóquios, foram minha intenção. Neles procuro refletir, principalmente, sobre a valorização da língua como suporte de cultura literária, na África portuguesa e Macau, na medida em que os discursos são construídos como forma de expressão a assinalar a identidade desses espaços geográficos. Esparsos por dois continentes, os textos ligam-se não só por uma coerência, mas também por minha persistência de amor por tais estudos.

B. J. C.

1
A Língua Portuguesa nos Países Africanos*

> *O português é a linguagem veicular da Revolução, no combate como nas escolas ou nos hospitais de campanha. O português será a língua literária destes povos. O amor a Portugal, à sua cultura e ao seu povo serão, todavia, o que Portugal quiser. Mas terá de querê-lo agora. Enquanto é tempo.*
>
> RUI KNOPFLI

A expansão marítima e colonial, a partir da primeira metade do século XV, e a emigração com ela relacionada, a princípio, e depois motivada por outras razões, foram os principais fatores que determinaram a expansão da língua portuguesa pelos quatro cantos do mundo.

Em 1415 os portugueses tomaram Ceuta, logo depois, em 1418, descobriram a ilha da Madeira e, por volta de 1427, descobriram os Açores. Na segunda metade do século XV, tomando outro rumo, iniciam a expansão pela África, levando sua língua, ponto de partida de várias línguas crioulas, cuja difusão alcançaria os litorais ocidental e oriental da África e, no final do século, o litoral da Ásia.

---

* "Língua Portuguesa e Línguas Crioulas nos Países Africanos", *Via Atlântica* 5, São Paulo, FFLCH/USP, 2003.

Havia na África uma grande diversidade étnica, quando se deram os primeiros contatos dos portugueses, estabelecendo povoações e feitorias. Após o comércio dito "silencioso", ensinada a língua aos povos africanos, esta se foi difundindo principalmente pelo litoral. Um dos meios de difusão foi levar africanos para Portugal a fim de aprenderem o português, e depois trazê-los de volta para a África, já aculturados.

Em meados do século XVI, o português já teria assumido estatuto de língua *franca*. Silva Neto refere que em 1551 quando o inglês Windham esteve na Guiné observara que o rei de Benim falou com os ingleses em português, língua que havia aprendido na infância. E pouco mais tarde, em 1563, Beker observara, quando visitou a costa da Mina, que "ao oeste do Cabo das Três Pontas os negros falaram um bom português"[1].

A língua portuguesa, na África, expandiu-se não só pelos contatos diretos, como também pelos religiosos, principalmente os jesuítas, através das escolas que foram sendo criadas e para onde afluíam africanos de diversas regiões.

1. A *Lusitânia Novíssima*, Sílvio Elia denomina Lusitânia ao espaço lingüístico ocupado pela língua portuguesa. Considerando a situação da Lusitânia, após a Segunda Guerra Mundial, distingue cinco faces na Lusitânia atual: compreende os cinco países africanos: Angola, Cabo Verde, Guiné-Bissau, Moçambique e as ilhas de São Tomé e Príncipe. Com a independência dos países africanos, o português tornou-se a língua oficial, ou seja, da instrução, da administração pública e da política nacional e internacional[2].

1.1. A política de assimilação em Angola, instituída no século XIX, vinha conduzindo a burguesia preta e mulata a absorver aspectos da cultura portuguesa. A aprendizagem da língua da metrópole, tanto escrita como falada, fora um dos principais requisi-

---

1. *História da Língua Portuguesa*, 5. ed., Rio de Janeiro, Presença, 1988, p. 514.
2. Ainda que seja a língua oficial, o português tem sido usado nos países africanos, geralmente, como língua segunda.

tos, talvez o principal, desenvolvido por sua política colonialista e pelas então colônias africanas.

Angola é uma nação plurilíngüe, com muitas línguas nativas, que pertencem à família banto, em sua maioria. Constituem a língua materna de parte da população angolana. Como língua veicular, o português consolida-se como língua de cultura, instrumento de propaganda da revolução pró-independência. Em 1969 já dizia Amílcar Cabral:

> Temos que ter um sentido real da nossa cultura. O português (língua) é uma das melhores coisas que os tugas nos deixaram, porque a língua não é prova de nada mais senão um instrumento para os homens se relacionarem uns com os outros, é um instrumento, um meio para falar, para exprimir as realidades da vida e do mundo[3].

Língua materna dos angolanos que vivem nas regiões urbanas, constitui língua segunda, principalmente nas zonas rurais, onde se encontra a maior parte da população nativa. Segundo Fernando Cristóvão, o censo da população de 1983 registrava 60% da população de Luanda tendo o português como língua materna e para uma grande maioria como única língua[4].

1.2. Em Cabo Verde coexistem duas línguas: a portuguesa e a cabo-verdiana ou crioulo[5]. O crioulo cabo-verdiano, principal instrumento de comunicação do Arquipélago, distribui-se em dois grandes grupos: o de Barlavento, ao Norte, e o de Sotavento, ao

---

3. "Apontamentos sobre a Poesia Caboverdiana", *Vozes*, Petrópolis, 1976, pp. 15-21.
4. Sílvio Elia, *A Língua Portuguesa no Mundo*, São Paulo, Ática, 1989, pp. 32-33.
5. O termo crioulo que já era usado no século XVI se origina de "criadouro", segundo Leite de Vasconcelos. Ou de "cria" (escravo), deverbal de "criar", com uma terminação difícil de explicar (Antônio Geraldo Cunha, *Dicionário Etimológico Nova Fronteira da Língua Portuguesa*, 2. ed., Rio de Janeiro, Nova Fronteira, 1996). Em face de sua origem, o termo continua estigmatizado, geralmente associado a subdesenvolvimento, inferioridade cultural. O escritor Luís Romano denomina o crioulo de Cabo Verde de língua cabo-verdiana, por não aceitar tal estigmatização.

Sul. Segundo Baltasar Lopes, teria tido uma fase bilíngüe inicial, seguindo-se outra em que o africano já assimilara uma estrutura gramatical simplificada do português. A partir desta base simplificada, compreende-se sua vitalidade, o que torna sua erradicação impossível como fala comum, mesmo sua vitalidade literária[6].

O crioulo possui uma comunidade de falantes nativos, não só em Cabo Verde como também na Guiné-Bissau e nas ilhas de São Tomé e Príncipe, desempenhando funções sociais amplas, como qualquer língua natural. Para sua formação juntam-se dois pólos sociais: o superestrato do dominador e o substrato do dominado. Tomando-se a língua-fonte como principal referência, verificam-se alterações que atingem todo o sistema fônico, lexical, gramatical etc. O sistema gramatical é mais simples, ocorrendo a simplificação ou eliminação das flexões nominais e verbais: ausência de distinção de gênero e de marcador do plural, verbos não-flexionados.

Alguns exemplos sobre desvios do crioulo em Cabo Verde:

– na fonologia: *perdê* (perder); *rabatá* (arrebentar); *nha* (minha); *conchê* (conhecer);
– no léxico: *mantenhas* (saudações); *codê* (filho caçula); *léu-léu* (chuva fina); *bô* (tu); *sabe* (agradável);
– na morfologia: *skazina* (as casinhas); *Praiazgorfe* (Praia dos Garfos);
– na sintaxe: *dá kabóle água* (dá água ao cavalo); *Eh bô, menininha, vem aqui* (Eh tu, menininha, venha aqui); *Chico era*

---

6. Baltasar Lopes, *O Dialecto Crioulo de Cabo Verde*, Lisboa, Casa da Moeda, 1984, p. 42.
    Há em Cabo Verde uma tradição literária em crioulo que data de fins do século XIX, quando o *Almanaque Luso-Africano* (2 volumes, 1894 e 1899) publicou historietas, anedotas, lendas, poesias e letras de canções. Contam-se também as poesias líricas e satíricas, na forma de *mornas* (canção de saudade) e *finançons* (danças e cantigas de desafio típicas da ilha de Santiago) das primeiras décadas do século passado. Em 1936, a revista *Claridade* consagrou o crioulo, publicando textos na página de rosto de seus primeiros números. E mais recentemente, a produção literária tem sido estimulada com textos que traduzem o universo sociocultural do Arquipélago.

mornista, moço sabe deveras (Chico era mornista, moço deveras agradável).

Ainda que língua segunda, há ali um português rebuscado, falado pelas camadas em que há mais instrução ou escolaridade; um português regional, de cor local, devido aos regionalismos; e um português bastante rudimentar, falado por camadas populares em determinadas ocasiões[7].

Nas situações de diálogo, o cabo-verdiano (porteiros, contínuos, polícias, balconistas etc.) mantém o mesmo código do emissor. Nas salas de aula, os alunos falam português com os professores, mas com os colegas falam crioulo. Os jogos de futebol são relatados em português, mas o povo discute e comenta em crioulo. Enfim, há em Cabo Verde duas línguas que, "a partir de um determinado momento histórico, deixaram de estar em conflito ou tensão. O português é língua estrangeira – talvez – mas não é estranha na nossa terra"[8].

1.3. Na Guiné-Bissau pouco mais de 10% das pessoas falam português, havendo ali também uma situação de bilingüismo. O português é usado quase que exclusivamente na escrita: livros, jornais, administração pública, ensino. Ainda que no ensino (básico, secundário, profissional e técnico) seja utilizado o português, muitas vezes no básico, e mesmo no complementar, recorre-se ao crioulo como recurso didático.

O crioulo guineense e a variedade de Sotavento de Cabo Verde, por terem afinidades, formam um grupo dialetológico, que se explica pela presença cabo-verdiana na colonização da Guiné portuguesa e pela história política e social desta nação africana que se prende à de Cabo Verde, pois até 1879 esteve ligada administrativamente ao Arquipélago.

Como a língua portuguesa só é mais utilizada na escrita (livros, jornais, comunicações oficiais), acabou por não criar raízes

---

7. Belmiro Ramos, *Actas do Congresso sobre a Situação Actual da Língua Portuguesa no Mundo*, Lisboa, Icalpe, 1985, p. 227.
8. *Idem*, p. 228.

no país, e a intercomunicação entre os vários grupos se faz em crioulo. Informa Maria Augusta Henriques "que inclusivamente nas reuniões de Conselho de Ministros, fala-se quase essencialmente o crioulo"[9].

1.4. Também em Moçambique a língua oficial e de unidade nacional é o português, escolhida em razão da multiplicidade de línguas ali faladas. O país tem cerca de 10 milhões de habitantes, com oito línguas bantas principais, que se distribuem por zonas lingüísticas, atingindo mais de quarenta variantes. Cerca de 25% da população fala português hoje, mas a maioria apenas se comunica esporadicamente e de forma bastante elementar[10].

Por ocasião do I Seminário Nacional sobre o Ensino da Língua Portuguesa em Moçambique, o professor Fernando Ganhão disse que, desde a criação do *Frelino*, em 1962, se sentiu necessidade de apropriação da língua portuguesa como fator de unidade, uma vez que, naquela altura, a grande maioria não dominava nem utilizava a língua portuguesa, pois o inglês e o suaíli tinham sido as línguas em que os homens se formavam política e profissionalmente. Tendo o português surgido como língua operacional no 1º Congresso realizado em 1962, evitou-se quebrar a unidade alcançada pelos responsáveis do partido. Além desta razão, a língua portuguesa também era mais apta para transmitir o conhecimento científico, pois o que se visava era "garantir o nível científico de todo o Povo de uma maneira rápida que não podia compadecer-se dos atrasos que traziam as línguas moçambicanas na terminologia técnico-científica"[11].

---

9. *Idem*, p. 237.
10. O recenseamento de 1980 indicou que 25% dos falantes, que têm uma língua da família *banto* como materna, tiveram acesso à aprendizagem do português. O aprendizado, naturalmente, teve como resultado divergências em relação ao padrão do português europeu.
11. Perpétua Gonçalves, *Actas do Congresso sobre a Situação Actual da Língua Portuguesa no Mundo*, Lisboa, Icalpe, 1985, pp. 243-244.

A imprensa, jornais escritos, é ali o principal veículo do português, em sua forma culta. O jornal *Notícias*, por exemplo, tem uma tiragem diária entre 25 mil e 40 mil exemplares, número expressivo se comparado com o total de alunos do secundário da 7ª, 8ª e 9ª classes, em 1993[12].

Em relação à norma-padrão de Portugal, há muitos desvios quanto ao uso de preposições, concordância, discurso relatado, regência verbal e nominal, omissão de artigos: "Fui na escola". "No dia que cheguei." "Tem implicações." "Ainda não foi anunciado a data." "Tinha cabelos cortado." Tais desvios podem ser vistos como variantes do português moçambicano[13].

1.5. Nas ilhas de São Tomé e Príncipe, houve uma forte corrente migratória da Europa e da África para as plantações de cana. Mas, apesar da vasta gama de contatos, a língua portuguesa foi a que preponderou. Tornou-se oficial, após a independência, como nos demais países africanos.

Em São Tomé há dois crioulos: o são-tomense ou forro e o angolar. Em Príncipe, o moncó. Embora a política lingüística das duas ilhas favoreça a coexistência dos crioulos com o português, este apresenta vantagens por ser língua gramaticalizada e dicionarizada.

As alterações (sintáticas, morfológicas, lexicais, fonéticas, empréstimos do crioulo), que caracterizam o português santomense (*eu pedi você; estou a pensar você*), representam transformações que, segundo Carlos Espírito Santo, tornam "a língua mais enriquecida e adaptada às necessidades histórico-políticas do presente, ou seja, realizada"[14].

2. Em relação ao discurso literário, observa-se que vários escritores rompem com a norma do português europeu. Alguns

---

12. Fátima Ribeiro, "Moçambique, Março de 1995: O Português da Imprensa", *Confluência*, Rio de Janeiro, Liceu Literário Português, n. 12, 1996, pp. 115-135.
13. Perpétua Gonçalves, *idem*, p. 248.
14. *Idem*, p. 259.

optam até por escrever na língua materna, como o cabo-verdiano Luís Romano que tem obras em crioulo, como *Lzimparim/Negrume* (1973). Baltasar Lopes, também de Cabo Verde, em seu romance *Chiquinho*, fixa vocábulos e construções locais, incorporando a oralidade local não só nas falas das personagens, como também no discurso do narrador. Confiram-se os seguintes fragmentos:

> Pitra assobiava como pardal jardinol. [...] Pegou um lato e bateu rijo em Pitra. [...] Pegou a caixa e naquela agorinha saiu. [...] Nem parecia o mesmo que descascava os dentes num bom riso largo[15].

Com o sufixo *-ol*, forma *jardinol*; derivação por supressão, forma *lato* (de látego); *descascava os dentes* assume este significado por analogia.

> Maria, você diga Pitra para ter cuidado com as cabras para não estragar planta no Trás de Pico. No Daisy mando vocês umas pranchas para um portal novo[16].

Neste fragmento, o autor suprime os nexos gramaticais, numa subversão à sintaxe do padrão europeu.

Em Angola, as narrativas de Luandino Vieira, que têm como tema, principalmente, a vida dos musseques, oferecem vasto campo para o estudo literário do fenômeno de aculturação lingüística. Confiram-se os exemplos, extraídos de *Luuanda*:

> [...] e falou a Cabiri estava presa debaixo dum cesto [...]
> – Mas então, Bina, você queria mesmo a galinha ia te pôr um ovo?
> Vieste na minha casa, entraste no meu quintal, quiseste pelejar mesmo![17]

Nos dois primeiros exemplos, a supressão do conectivo instaura um *vácuo relacional*, levando o pensamento a progredir por

---

15. *Chiquinho*, São Paulo, Ática, 1986, pp. 14-15.
16. *Idem*, p. 11.
17. *Luuanda*, São Paulo, Ática, 1982, pp. 101-104.

saltos. A esta sintaxe Sálvato Trigo chamou de *canguristica*[18]. No 3º exemplo, a preposição *em* empregada com um verbo de movimento indica interferência das línguas da família banto, que usam o prefixo locativo *ku* (significa *em*) que, empregado com verbos de movimento, tem o significado de *para*[19].

Ao concluir, diríamos que, o português ainda embora seja a língua oficial nas cinco nações africanas, as línguas nativas são línguas de comunicação diária, principalmente fora das regiões urbanas. A norma estabelecida nas escolas, meios de comunicação e textos oficiais tem sido a norma-padrão do português europeu. Por não ser a língua materna de grande parte da população, mas língua segunda, ocorrem desvios, interferências, empréstimos. Criam-se, então, novas normas, que não coincidirão com as do português padrão, angolanizando-se, cabo-verdianizando-se, moçambicanizando-se etc., enfim, re-nacionalizando-se na linguagem oral e na escrita.

---

18. "O Texto de Luandino Vieira", em Michel Laban e outros, *Luandino Vieira e sua Obra*, Lisboa, Edições 70, 1980, pp. 232-235.
19. Irene Marques, *Actas do Congresso sobre a Situação Actual da Língua Portuguesa no Mundo*, Lisboa, Icalpe, 1985, pp. 221-222.

2
A Presença Africana na Língua Portuguesa do Brasil*

> *[...] e foi o negro, foram as mães-pretas que ensinaram a falar a milhares de brasileiros [...]*
>
> GLADSTONE CHAVES DE MELO

Os africanos que vieram para o Brasil, além de contribuir com a força de seu trabalho, produzindo e criando riquezas, exerceram ponderável influência nos hábitos, crenças e festas populares.

Já em meados do século XVI, o governador-geral Tomé de Sousa estimulou a vinda de africanos da ilha de São Tomé, para trabalhos agrícolas na capitania da Bahia. Posteriormente vieram bantos do Congo, de Angola e de Benguela, distribuídos principalmente por Pernambuco, Bahia e Rio de Janeiro. E, ainda, os sudaneses do Norte da Nigéria e do Sudão. Os africanos foram, com o tempo, aprendendo também os segredos da técnica dos engenhos[1].

Informa Jorge Couto que em 1559 cada senhor de engenho estava autorizado, por Alvará da regente D. Catarina da Áustria, a importar até 120 escravos do Congo. Ainda, segundo o historia-

---

* "O Afluente Africano em Jorge de Lima", *Actas do Congresso Luso-Brasileiro*, Lisboa, Calouste Gulbenkian, 1999, vol. I, pp. 308-315.
1. José Honório Rodrigues, *Brasil e África: Outro Horizonte*, Rio de Janeiro, Civilização Brasileira, 1961, pp. 40-42.

dor, por volta de 1570, havia alguns milhares de negros integrados em atividades produtivas no Brasil. Provenientes de São Tomé, numa primeira etapa – ilha que, além de entreposto de tráfico negreiro, era também um centro açucareiro importante –, eram escravos aculturados e já especializados no cultivo da cana e no exercício das técnicas para a fabricação do açúcar[2].

Das várias línguas faladas pela população negra da África, as mais importantes em relação ao português do Brasil são o nagô ou ioruba, do grupo sudanês[3], na Bahia, e o quimbundo, do grupo banto[4], no Norte e no Sul. O nagô contribuiu com um vocabulário referente à culinária e aos ritos religiosos. O quimbundo, com um vocabulário mais geral.

Os africanos viveram mais demoradamente em contato com o branco, na lavoura, nos serviços domésticos e nos engenhos, recaindo sobre eles a grande tarefa de produzir e de criar riquezas. Sua influência quanto a crenças e costumes é bastante expressiva. Em relação ao aspecto lingüístico, embora o tráfico de escravos se estendesse por três séculos, as línguas africanas não representam muito em relação ao vocabulário. Uma das razões seria que, para evitar questões de rebeldia, quando aqui chegavam, eram separados por famílias e por línguas. Como diz Houaiss, política "glotocida", com objetivos de matar as línguas dos africanos[5]. Há também de considerar que muitos, quando aqui chegavam, já se comunicavam na língua *franca* de base portuguesa, ainda que fosse para fins elementares.

---

2. *A Construção do Brasil*, Lisboa, Cosmos, 1998, p. 304.
3. As línguas sudanesas pertencem ao grupo lingüístico africano, falado pelos povos sudaneses que habitam as regiões entre o Saara e o Atlântico, sobre o golfo da Guiné, África Ocidental. Nagô é o nome dado no Brasil ao grupo de escravos procedente da região de Iorubá.
4. Grupo lingüístico, com inúmeras línguas e cerca de três mil dialetos, que se estende por aproximadamente 2/3 da África Negra, desde Camerum até o Sul. Inclui Angola e Congo, de onde veio a maioria de escravos. O quimbundo é falado de Luanda a Malange e foi a língua mais falada pelos escravos que vieram para o Sul e o Norte do Brasil.
5. *O Português do Brasil*, Rio de Janeiro, Agir, 1988, p. 71.

Nossa intenção é assinalar a influência africana em alguns poemas de Jorge de Lima[6], influência que certamente valorizou os motivos poéticos afro-nordestinos, expressão lírica de um poeta maior. Destacaremos a feição particular de que se reveste a sua linguagem, cujo africanismo se revela na medida em que seus versos exprimem uma paisagem mestiça, colorida pela presença africana. Fincado na realidade afro-nordestina, o poeta alagoano se deslumbra diante da paisagem:

> [...]
> Serra da Barriga!
> Barriga de negra-mina!
> As outras montanhas se cobrem de neve,
> De noiva, de nuvem, de verde!
> E tu, de Loanda, de panos-da-costa,
> De argolas, de contas, de quilombos!
>
> Serra da Barriga!
> Te vejo da casa em que nasci.
> Que medo danado de negro fujão! (p. 294)

Negra-mina é mulher do grupo tribal de cultura *fantiaxanti*, oriunda da Costa do Ouro (Guiné); também se diz *preto(a)-mina*, conforme o Aurélio.

Loanda ou *Luanda* vem do quimbundo *luanda*, significando tributo, pois no tempo em que a região pertencia ao Congo, pescavam-se aí os *cauris* (moluscos) do tributo anual, segundo Antenor Nascentes[7].

Pano-da-costa é um tecido de algodão, listrado, originário da África, usado como xale (Aurélio)[8].

---

6. *Obra Completa*, Rio de Janeiro, Aguilar, vol. 1, 1958. As citações de poemas são tiradas desta edição.
7. *Dicionário Etimológico da Língua Portuguesa*, Rio de Janeiro, Acadêmica, 1955.
8. As citações correspondentes a *Aurélio* referem-se a: Aurélio Buarque de Holanda Ferreira, *Dicionário Básico da Língua Portuguesa*, Rio de Janeiro, Nova Fronteira, 1988.

O termo *quilombo* é vulgar desde o século XVII, segundo João Ribeiro. Do quimbundo *ki' lomo*, povoação. Em Angola tem o significado de paragem, pouso para descanso das viagens pelo interior. No Brasil passou a significar reunião de grande número de escravos fugidos, para evitar os rigores do cativeiro. Em Alagoas, designa também um folguedo, durante o Natal, entre grupos em que figuram negros fugidos e índios, que lutam pela posse de uma rainha, segundo Caldas Aulete[9].

As matas povoam-se de monstros feiticeiros, os *carrapatus*, os negros de *surrão*, a substituírem as cucas das canções de acalanto. Os medos que vieram embarcados com os escravos aqui se juntaram aos sacis, aos caiporas dos nossos índios, povoando o nosso imaginário. Confira-se o poema *O Medo*:

> O BICHO Carrapatu,
> O negro velho de surrão
> – foi o medo que passou.
>
> Mas depois chegou o medo,
> o medo maior que houve
> que as negras velhas contavam:
> era a cabra-cabriola,
> lobisomens, bestas-feras (pp. 271-272).

Gilberto Freyre menciona os meninos que se arrepiavam ouvindo das negras velhas a história de um negro feio e velho que, ao agarrar uma menina que perdera os brincos de ouro, a coloca dentro do seu *surrão* (bolsa de couro em que os pastores guardavam comida e outras coisas de seu uso). Onde o negro chegava, punha o *surrão* no chão e dizia:

> Canta, canta, meu surrão,
> senão te dou com meu bordão.

---

9. *Dicionário Contemporâneo da Língua Portuguesa*, 2. ed. brasileira, Rio de Janeiro, Delta, 1964.

E o *surrão* cantava:

> Neste surrão me meteram,
> Neste surrão hei de morrer,
> por causa de uns brincos de ouro
> que no riacho deixei (pp. 271-272).

As pessoas ouviam o *surrão* e lhe davam dinheiro[10].

É digno de nota, na literatura, o *akpalô,* isto é, *o fazedor de conto*, que floresceu com as negras contadoras de história. Em *Menino de Engenho*, a velha Totonha conta histórias de Trancoso "com um jeito admirável de falar em nome de todos os personagens". Tinha capacidade de recitar contos inteiros em versos aos quais intercalava fragmentos em prosa, como se fossem notas explicativas. Suas histórias cativantes iam de engenho a engenho, atraindo os meninos das casas-grandes, contribuindo para enriquecer o português com novos modos de dizer[11].

A *cabra-cabriola* é uma espécie de bicho-papão, que entra nas casas e devora as crianças travessas. *Cabriola* vem do verbo *cabriolar,* saltar como cabra.

Lobisomem é o homem transformado em lobo, como castigo de seus malefícios e que vagueia pela noite, até encontrar quem o fira, fazendo sair sangue de seu corpo, com o que se desencanta. O mito do lobisomem é de épocas imemoriais, encontrando-se espalhado por muitas regiões do mundo. Foi trazido para o Brasil pelos portugueses, encontrando campo fértil para se difundir no nosso imaginário popular.

As dimensões míticas se tornam presentes igualmente no poema *Ancila Negra*. Trata de Celidônia, a bonita pretinha ioruba, de quem o poeta nunca se esqueceu, e que morreu afogada:

---

10. Gilberto Freyre, *Casa-grande & Senzala*, 4. ed., Rio de Janeiro, José Olympio, 1943, vol. 2, p. 526.
11. José Lins Rego, *Menino do Engenho*, Rio de Janeiro, José Olympio, 1960, p. 38. Cf. também Gilberto Freyre, *idem*, p. 527.

> Há ainda muita coisa a recalcar,
> Celidônia, ó linda moleca ioruba
> que embalou minha rede,
> me acompanhou para a escola,
> me contou histórias de bichos
> quando eu era pequeno,
> muito pequeno mesmo.
> [...]
> Depois: nunca mais os sinos do regresso.
> Para sempre: tudo ficou como um sino ressoando.
> E eu parado em pequeno,
> mandingando e dormindo,
> muito dormindo mesmo (pp. 362-363).

O verbo *mandingar* deriva do topônimo Mandinga, região da Guiné, onde havia insignes feiticeiros. De terra de feitiço, passou metonimicamente por extensão a significar feitiço, talismã para fechar o corpo[12].

No poema *Janaína*, o poeta recorda o orixá feminino que "Vive no rio,/ vive no açude,/ vive no mar" (p. 368). Janaína ou Iemanjá é a mãe-d'água dos iorubanos. No sincretismo religioso é identificada como Nossa Senhora em suas várias invocações: das Candeias, do Carmo, da Piedade.

"Se Janaína sorri/ as ôndias ficam banzeiras." O mar faz pequenas ondas e se agita de modo triste, melancólico, nostálgico, daí *as ôndias banzeiras*, segundo Caldas Aulete. Para Mendonça[13], *banzeiras* se liga a *banzo*, em quimbundo *mbanza,* aldeia, e daí *banzo*, saudade da aldeia, da terra natal, por extensão.

No poema *Xangô* (2ª versão), o orixá mais popular entre os baianos feitchistas, o poeta invoca os deuses africanos ao lado dos santos católicos, desfilando em cortejo que se enriquece pelos

---

12. Antônio Geraldo Cunha, *Dicionário Etimológico Nova Fronteira da Língua Portuguesa*, 2. ed., Rio de Janeiro, Nova Fronteira, 1996.
13. Renato Mendonça, *A Influência Africana no Português do Brasil*, 2. ed., São Paulo, Nacional, 1935.

invocantes, quimbundos, cafuzos e cabindas, de modo a codificar o sincretismo religioso de ritual no templo de Xangô. Ouçamo-lo:

> [...]
> Oxum! Oxalá. Ô! Ê!
> Na noite aziaga, na noite sem fim
> cabindas, mulatos, quimbundos, cafuzos,
> aos tombos, gemendo, cantando, rodando.
> Senhor do Bonfim! Senhor do Bonfim!
> Oxum! Oxalá. Ô! Ê!
> Sinhô e sinhá num mêis ou dois mêis se há de casá!
> Mano e Mana! Credo manco! [...] (pp. 369-371).

Xangô, do ioruba *so'no* (A. G. Cunha), é o deus do raio e do trovão, um dos orixás mais poderosos, sincretizado freqüentemente com S. Jerônimo, Santa Bárbara, S. Miguel Arcanjo. Filho de Iemanjá e Oranhiã, é o fundador mítico da cidade de Oyó, da qual Xangô foi o 4º rei. De caráter orgulhoso e dominador, podia lançar fogo pela boca.

Oxum é um orixá ioruba, com poderes para governar o mundo nos cultos afro-brasileiros; do ioruba *oosa'la* (A. G. Cunha), orixá das águas doces, da riqueza e da beleza; deusa-menina, faceira, a mais jovem e preferida esposa de Xangô, portanto uma das rainhas de Oyó (região e cidade da Nigéria, África Ocidental, antiga capital política do reino Iorubá)[14].

Oxalá ou *Orixalá* é o grande orixá sincretizado com Jesus Cristo, variante na Bahia como Oxalá (Aurélio); orixá ioruba da criação da humanidade com poderes para governar o mundo, do ioruba *oosa'la* (A. G. Cunha). Segundo Olga Cacciatore, é o rei dos orixás e dos homens, o mais querido e respeitado dos deuses afro-brasileiros[15].

Cabindas são os indígenas dos cabindas, povo banto da região de Cabinda em Angola. Os quimbundos, do quimbundo *ki'munu*, são os indivíduos bantos de Angola.

---

14. Cf. também Olga G. Cacciatore, *Dicionário de Cultos Afro-brasileiros*, 3. ed., Rio de Janeiro, Forense, 1988.
15. *Idem, ibidem*.

Em danças rituais, impregnadas das mandingas de Xangô, com a divindade feminina no centro, Oxum, os invocantes pedem proteção ao incesto, pois o Sinhô e a sinhá "num mêis se há de casá!" Este falar "xacoco" representa a tendência crioulizante da aprendizagem, quando se elimina a dificuldade das flexões. Silva Neto chama de semicrioulo tal aprendizagem tosca dos negros com a língua portuguesa[16].

No poema *Benedito Calunga* (p. 358), o sincretismo desencadeia-se a partir do termo *calunga*, nome que os negros deram ao deus dos missionários, talvez por lhes parecer *vago* como a extensão do mar (*calunga* vem do quimbundo *ka'luna*, mar, divindade secundária do culto banto, segundo A. G. Cunha).

Falta mencionar o belo poema narrativo *Essa Negra Fulô* (pp. 291-293), que foi lançado em plaqueta, em 1928, pela Casa Trigueiros de Maceió. O poeta rompe com os modelos tradicionais e, aproveitando-se da oralidade, poetiza o coloquialismo de nível familiar, principalmente nas falas da sinhá, nos diminutivos e nas alterações fonéticas. Confira-se o seguinte fragmento:

> Ora, se deu que chegou
> (isso já faz muito tempo)
> no bangüê dum meu avô
> uma negra bonitinha
> chamada negra Fulô.
> Essa negra Fulô!
> Essa negra Fulô!
>
> Ó Fulô! Ó Fulô!
> (Era a fala da Sinhá)
> — Vai forrar a minha cama,
> pentear os meus cabelos,
> vem ajudar a tirar
> a minha roupa, Fulô!

16. Serafim da Silva Neto, *Introdução ao Estudo da Língua Portuguesa no Brasil*, Rio de Janeiro, Imprensa Nacional, 1950, pp. 130-131.

Essa negra Fulô!
Essa negrinha Fulô
ficou logo pra mucama,
pra vigiar a Sinhá
pra engomar pro Sinhô!
Essa negra Fulô!
Essa negra Fulô!

Fulô está por Flor, suarabácti, espécie de epêntese que consiste no desenvolvimento de uma vogal dentro de um grupo consonântico, com a dissolução do fonema *fl*.

Bangüê é padiola, engenho de açúcar, talvez do quimbundo *ma' ne*, segundo A. G. Cunha.

Mucama é a escrava negra e moça de estimação que, por vezes, era a ama-de-leite; de origem africana mas de étimo indeterminado (A. G. Cunha); para Renato Mendonça deriva do quimbundo *mukama*, formado do prefixo *um* e de *kama*, radical banto, escrava amásia de seu senhor em Angola.

Jorge de Lima registra o drama da miscigenação com certa candura, mas não polemiza a sensualidade da escrava Fulô, como se depreende do sintagma nominal do refrão, acentuado afetivamente pelo demonstrativo e pela entoação ascendente do verso: *Essa negra Fulô!*

Nos 28 poemas pesquisados, anotamos cerca de 80 termos que demonstram a influência africana, valorizando os motivos poéticos afro-nordestinos de Jorge de Lima. Tais termos, ao registrarem a crioulidade brasileira, sem dúvida colaboram para enriquecer a variante da língua portuguesa do Brasil.

À guisa de ilustração, citaremos alguns termos que figuram nos poemas em que nos detivemos em nossa pesquisa[17]:

---

17. Os termos foram pesquisados nas seguintes obras:
    Olga G. Cacciatore, *Dicionário de Cultos Afro-brasileiros*, 3. ed., Rio de Janeiro, Forense, 1988.

Abará – pequeno bolo de massa de feijão-fradinho, com cebola, sal, azeite de dendê, envolto em folha de bananeira e cozido na água (Cacciatore).

Aberém, ou *abarém* – do ioruba *aba*, fatia, e *rin*, úmido; bolo de massa de milho (Cacciatore).

Babalaô – do ioruba que se liga ao radical *babá*, pai; sacerdote graduado na feitiçaria nagô (Mendonça); orixá da adivinhação; Cacciatore informa que houve poucos Babalaôs verdadeiros no Brasil e que atualmente não há mais; atualmente o termo é usado para alguns chefes de terreiro que praticam a adivinhação pelos búzios; a pesquisadora deriva do ioruba *babalawo*, sacerdote de Ifá (*babá*, pai, *alá*, dono, possuidor, *áwo*, segredo).

Caruru – iguaria feita com folhas de caruru, quiabos e camarões, temperada com azeite de dendê e pimenta; de origem incerta, provavelmente africana (A. G. Cunha); para Mendonça o termo é o tupi *cara-ruru*, a folha grossa.

Dendê – do quimbundo *ne' re*; palmeira do Congo e da Guiné, introduzida no Brasil no século XVI (A. G. Cunha); do fruto dessa palmeira (coco ou nozes) extrai-se um óleo (azeite de dendê), muito empregado na culinária afro-baiana.

Exu – diabo, espírito maligno nos cultos afro-brasileiros; do ioruba *e' su* (A. G. Cunha).

Mungunzá – iguaria feita de milho cozido em caldo açucarado; de origem africana, mas de étimo indeterminado (A. G. Cunha).

Mungangas ou *moganga* – abóbora grande, de origem incerta, provavelmente termo de origem africana (A. G. Cunha); para Mendonça parece termo banto, pela presença da consonância nasalada *ng* repetida.

Antônio Geraldo Cunha, *Dicionário Etimológico Nova Fronteira da Língua Portuguesa*, 2. ed., Rio de Janeiro, Nova Fronteira, 1996.
Aurélio Buarque de Holanda Ferreira, *Dicionário Básico da Língua Portuguesa*, Rio de Janeiro, Nova Fronteira, 1988.
Renato Mendonça, *A Influência Africana no Português do Brasil*, 2. ed., São Paulo, Nacional, 1935.

Ogum – orixá que preside às lutas e às guerras; deus nagô, *Ogundelê* (Aurélio); na África é o deus do ferro, da agricultura, da guerra, da caça, protetor dos que trabalham em artes manuais e com ferro; no Brasil é dos orixás mais cultuados, tendo sido ressaltado seu aspecto guerreiro; do ioruba *ogum*, guerra (Cacciatore).

Oxóssi – de origem iorubana (Mendonça); orixá dos caçadores, representado nas macumbas por um arco atravessado de flecha (Aurélio); é sincretizado na Bahia com São Jorge e, no Rio, com São Sebastião.

Quibebe – de consistência mole, papa de abóbora; do quimbundo *kibe' me*, assimilado em quibebe, por influência de beber (A. G. Cunha).

Quibungo – do quimbundo *ki* (prefixo) e *bungu*, lobo; bicho meio homem, meio animal, tendo uma cabeça muito grande (Mendonça); Gilberto Freyre refere-se ao *quibungo*, que veio da África para o Brasil, um bicho horrível, metade gente, metade animal, com cabeça enorme e no meio das costas um buraco que se abre quando abaixa a cabeça; come os meninos malcriados.

Quimgombô – quiabo, também *quimbombô*, provável alteração de *quingombô* (A. G. Cunha).

Zumbi – espírito de um morto que, segundo a crença dos nativos de Angola, vagueia pela noite assustando e/ou perseguindo os vivos; do quimbundo *nu'mi*, defunto, cadáver; ficou famoso no Brasil o nome Zumbi, alcunha do chefe do quilombo dos Palmares, grande reduto de escravos foragidos, que se estendia pelo Norte e Nordeste do país (A. G. Cunha); há também a forma *zambi*, do quimbundo *nzambi*, deus (Mendonça).

3

Língua de Cultura em Cabo Verde*

> Mas os crioulos não são um denominador comum espontâneo de línguas nativas. Surgem quando entram em contato com a língua de um agente colonizador.
>
> SÍLVIO ELIA

Situado a 620 km da costa africana, em frente ao cabo a que deve o nome, o Arquipélago de Cabo Verde compreende dez ilhas, com superfície aproximada de quatro mil quilômetros quadrados, distribuídas em dois grupos, cujos nomes foram sugeridos pela posição que ocupam em relação aos ventos alíseos ali dominantes:

– o das ilhas de Barlavento, ao norte, compreendendo: Santo Antão, São Vicente, Santa Luzia, São Nicolau, Sal e Boa Vista;

– e o das ilhas de Sotavento, ao sul, compreendendo: Brava, Fogo, Santiago e Maio; estas estão mais próximas da costa africana.

Margarida Fernandes, atentando para a ecologia, sugere a divisão das ilhas em três grupos: 1) Boa Vista, Sal e Maio, a oriente, com pouca vegetação, pouca água ou quase nenhuma e pouca elevação; 2) São Vicente e Santa Luzia, grupo mais ao norte, com vegetação escassa, pouca água e altitude intermediária; 3) Santo

---

* "Crioulo e Português", *Confluência*, Rio de Janeiro, Liceu Literário Português, n. 12, 1996, pp. 137-146.

Antão, São Nicolau, Santiago, Fogo e Brava, com mais vegetação, águas de nascente e elevações consideráveis[1].

Descoberto em 1460 pelos navegadores Diogo Gomes[2] e António da Nóli, Cabo Verde ocupa estratégica posição entre três continentes, no Médio Atlântico. O cronista João de Barros informa sobre as condições em que o genovês António da Nóli, tendo vindo a Portugal, chega às ilhas do Arquipélago:

> Neste mesmo tempo (1460) achamos que se descobriram as ilhas a que ora chamamos de Cabo Verde, por um António da Nolle, genovês e homem nobre, que por alguns desgostos da pátria veio a este reino com duas naus e um barinel, em companhia do qual vinha um Bartolomeu de Nolle, seu irmão, e Rafael de Nolle, seu sobrinho. Aos quais o Infante deu licença que fossem descobrir, e do dia que partiram da cidade de Lisboa a dezasseis dias /de Maio/ foram ter à ilha de Maio: à qual puseram este nome porque a viram em tal dia. E no seguinte, que era Sant'Iago e San Filipe, descobriram duas, que têm ora o nome destes santos (*Ásia*, Década I, liv. II, cap. I).

A primeira descrição das ilhas, acompanhada de cartografia, aparece em *Cartas das Ilhas de Cabo Verde* (1506-1508), de responsabilidade de Valentim Fernandes, impressor da Morávia, reproduzidas com comentários, em 1939, por Fontoura da Costa: *Nesta ilha de Santiago há três meses de inverno, Junho, Julho e Agosto; este inverno não se chama por frialdade senão pelas chuvas.*

A população do Arquipélago é de cerca de 350 mil habitantes. Em Santiago, onde está a capital do Arquipélago, Praia, concentra-se a maior parte. Santa Luzia, a ilha menor, é desabitada. As ilhas mais produtivas são: Fogo, Santiago e Santo Antão.

A "*hora di bai*", expressão consagrada pelo povo, está plenamente integrada na vida insular, representando a emigração de uma população idêntica à do Arquipélago: cerca de 350 mil. Para

---

1. *Hora di Bai. (Os Cabo-verdianos e a Morte. Uma Abordagem Antropológica através da Literatura de Ficção)*, Lisboa, Nova Vega, 2004, pp. 28-29.
2. Diogo Gomes, piloto português da casa do Infante D. Henrique, escreveu uma *Relação* das viagens que fez entre 1458 e 1460.

manter a identidade do cabo-verdiano, em qualquer lugar do mundo onde se encontre, foi criada na década de 1980 a Secretaria do Estado da Emigração e das Comunidades, importante órgão do Governo.

O aparecimento dos crioulos se deveu à necessidade de comunicação entre os portugueses e os povos das costas da África e regiões da Ásia, a partir das primeiras descobertas, em meados do século XV. Não se tratava de uma língua uniforme, uma vez que refletia a variedade dos falantes e também das línguas nativas com que os portugueses entravam em contato. Dessa língua, que servia principalmente às necessidades de comércio, chamada de *língua franca*, pelo viajante alemão Otto Mentzel, na primeira metade do século XVIII, para diferenciá-la da *língua franca mediterrânea*, chegou-se ao *pidgin*. Há duas hipóteses quanto ao surgimento deste: *a)* por interesse comercial e econômico nas costas da Índia; *b)* pelo intenso tráfico de mão-de-obra africana, nas costas ocidentais da África, entre a Guiné e Cabo Verde. Este último *pidgin*, provavelmente, deveria ter sido a base do surgimento dos crioulos portugueses.

Como o crioulo não se alastrou homogeneamente por Cabo Verde, acabou por distribuir-se em dois grandes grupos: o de Barlavento e o de Sotavento. Já em 1880, Adolfo Coelho distinguia duas formas do crioulo no Arquipélago, considerando principalmente a pronúncia de algumas palavras ou sons, e também o acento: o *crioulo rachado, fundo, vejo*, falado sobretudo no interior das ilhas, e o *crioulo leve, levinho*, falado nas regiões mais urbanizadas, por pessoas com algum conhecimento da gramática portuguesa[3].

A variante de Sotavento, recomendada como língua-base pelo Colóquio de São Vicente (1979), forma um grupo diale-

---

3. Adolfo Coelho, "Os Dialectos Românicos ou Neo-latinnos na África, Ásia e América", em *Estudos Lingüísticos Crioulos*, Reedição de artigos publicados no Boletim da Sociedade de Geografia de Lisboa. Introdução e notas de Jorge Morais-Barbosa, Lisboa, 1967, p. 5.

tológico com o da Guiné portuguesa, que se explica pela presença cabo-verdiana nessa região, e pela história política e social, pois até 1879 a Guiné esteve administrativamente ligada a Cabo Verde.

As primeiras publicações sobre o crioulo datam de fins do século passado: *Os Dialectos Românicos ou Neo-Latinos na África, Ásia e América*, por Adolfo Coelho (1881); *O Crioulo de Cabo Verde: Breves Estudos sobre o Crioulo das Ilhas de Cabo Verde*, por Joaquim Vieira Botelho e Custódio José Duarte (1884); *Dialectos Crioulos-Portugueses: Apontamentos para a Gramática do Crioulo que se Fala na Ilha de Santiago de Cabo Verde*, por A. de Paulo Brito (1888). Estes textos foram republicados em *Estudos Lingüísticos Crioulos*, em Lisboa, pela Academia Internacional da Cultura Portuguesa, com introdução e notas de Jorge Morais-Barbosa (1967).

Também Leite de Vasconcelos se interessou pelos crioulos portugueses, publicando "Dialectos Crioulos Portugueses de África: Contribuições para o Estudo da Dialectologia Portuguesa", *Revista Lusitana*, V, 1897-1899, pp. 241-261.

Dentre as publicações mais recentes citam-se: *O Dialecto Crioulo de Cabo Verde*, por Baltasar Lopes da Silva (1957). Há uma edição fac-similada pela Imprensa Nacional/Casa da Moeda, de 1984; *Cabo Verde: Contribuição para o Estudo do Dialecto Falado no seu Arquipélago*, por Dulce Almada Duarte (1961); "Sincronia e Diacronia nos Sistemas Vocálicos do Crioulo Caboverdiano"; "Le vocalisme atone des parlers créoles du Cap Vert e sobre a natureza dos crioulos e a sua significação para a lingüística geral", pelo Prof. Herculano de Carvalho, em *Estudos Lingüísticos,* Coimbra, Atlântida, 1969, vol. 2, pp. 5-73; "A Situação Lingüística de Cabo Verde um Continuum?", por Celso Cunha, em seu *Língua, Nação, Alienação*, Rio de Janeiro, Nova Fronteira, 1981, pp. 73-106.

A tradição literária em crioulo data de fins do século XIX, quando o *Almanaque Luso-Africano* (1894 e 1899) reproduziu historietas, anedotas, lendas, poesias e letras de canções. Posteriormente, em 1910, vem à luz *Canções Crioulas e Músicas Populares de Cabo Verde*, por José Bernardo Alfama.

Até as primeiras décadas do século XX, o acervo literário do falar cabo-verdiano constitui-se praticamente de poesia lírica e satírica, respectivamente, na forma de *mornas* (poesia, música e dança) e *finançons* (dança e cantiga típica da ilha de Santiago).

Funcionalmente, o crioulo foi preenchendo a necessidade de comunicação dos falantes do Arquipélago. Tomando o português como língua-fonte, os desvios e mutilações sofridas na fonologia, morfologia e sintaxe acabaram por resultar no falar cabo-verdinano.

Na fonologia, por exemplo, houve adaptação dos falantes aos fonemas da língua portuguesa: apócope (*perdê* por perder, *ri* por rir); aférese (*rabatá* por arrebentar, *nha* por minha); aférese e apócope (*nhô* por senhor); síncope (*xávna* por chávena); síncope e apócope (*crê* por querer, *conchê* por conhecer); metátese (*borteja* por brotoeja).

Na morfologia há muitas alterações. Não se usa o artigo definido, a não ser em São Nicolau (Barlavento) em algumas formas estereotipadas, topônimos principalmente, em que o artigo plural está representado por *s*, que resulta da queda do *a-* ou do *o-*: *skazina* por as casinhas; *zgalegu* por os galegos, *praiazgorfe* por Praia dos Garfos. Os substantivos e adjetivos geralmente não possuem flexão de número. Os verbos, via de regra, reduzem-se à forma do infinitivo com apócope do *-r*; as desinências pessoais são suprimidas, indicadas pelos pronomes (*êl bê* = ele vem); as desinências modais e temporais são indicadas pelas formas auxiliares (*êl tá kantaba* = ele cantava). O pronome *eu* desaparece; *bô*, 2ª pes. sing., perde sua função de 2ª pessoa do plural; *êl* e *ê* provêm de *ele*, ou talvez de *el*, que, segundo Leite de Vasconcelos, ainda existe em algumas regiões de Trás-os-Montes; para a 2ª pessoa do plural emprega-se *bzôte* (vós outros); *bosê* (você) representa a pessoa com quem se fala com respeito ou deferência.

Quanto à sintaxe, destacamos a freqüência da supressão de nexos gramaticais: *Dá kabóle água* (Dá água ao cavalo). O advérbio *onde*, com as várias regências em português, é representado por *dondê*, na variante de Barlavento (São Nicolau): *dondê ke bô stá?* (onde estás?); *dondê ke bô tâ bê?* (de onde vens?). O verbo *ha-*

ver impessoal é substituído pelo *ter*, como no Brasil: *Já tem milho pa cachupa*[4]. *Já tem milho pa cuscus*.

Em 1936, a revista *Claridade* publica, na página de rosto, textos em crioulo, levando-o à consagração definitiva, uma vez que seus dinamizadores, Osvaldo Alcântara (pseudônimo poético de Baltasar Lopes), Manuel Lopes e Jorge Barbosa, preocupados com o processo de formação social das ilhas, voltaram-se para o estudo de suas raízes, na busca de sua identidade cultural.

Claridade coloca-se, dessa maneira, na vanguarda do enobrecimento da língua nativa, que, desde os alvores da colonização portuguesa, ali se fora formando em seu uso diário. Dentre os muitos méritos da revista pioneira destacam-se o efeito catalisador sobre a mentalidade dos intelectuais e, fundamentalmente, a coragem em abordar os problemas da terra, despertando na juventude letrada um autêntico interesse pelas realidades crioulas.

Posteriormente, textos inteiros na língua nativa buscarão traduzir com mais fidelidade o universo sociocultural do Arquipélago: *Caminhada* (1962), de Ovídio Martins, tem parte dos poemas em crioulo; *Noti* (1964), de Kaoberdiano Dambará, constitui-se de poemas de protesto e de combate.

Luís Romano, que rejeita a expressão *crioulo* por lhe parecer pejorativa, espera ser possível a língua cabo-verdiana tornar-se oficial e unificada, de modo a abranger todo o Arquipélago. Em 1973 publicou no Brasil *Lzimparin/Negrume*, em edição bilíngüe: português e crioulo de Santo Antão, sua ilha natal. Mais tarde, *Ilha* (1991) terá narrativas na modalidade de Santo Antão e outras na de Santiago. *Kriolanda* (1995), também publicado na diáspora, trata de personagens que vivem fora de Cabo Verde[5].

---

4. *Cachupa*: prato da culinária à base de milho, alimentação básica de Cabo Verde. Para Luís Romano, o termo teria sido derivado do ambundo *cachupa*, palha de milho para cigarro. Para seu preparo, esmaga-se o milho no pilão, retira-se o farelo, cozinha-se com feijão ou fava e hortaliça, chouriço etc., conforme as posses da pessoa.
5. De março de 1966 a dezembro de 1967, Luís Romano publicou na *Revista Ocidente* contos tradicionais, *mornas*, histórias infantis, cantigas de *guarda de*

Em prosa crioula Manuel Veiga publica *Oju d'Aju* (1987), relato de episódios ligados à tradição oral. Autor do ensaio *Crioulo em Foco: Problemática Duma Escrita*, propõe a unificação da escrita crioula, "caminho viável para a valorização duma língua falada, quando muito, por um milhão de pessoas e num país com fracos recursos econômicos"[6].

É também digno de registro o papel que representa, na década de 1970, Sérgio Frusoni nos meios públicos de comunicação – Rádio Mindelense –, com crônicas em crioulo, que alcançaram sucesso, principalmente pelo estilo jocoso.

Após a independência (1975), a língua portuguesa, por razões políticas, culturais e diplomáticas, foi privilegiada como língua oficial, nos países africanos. Em 1985, o Professor Belmiro Ramos assinalava que

A independência de Cabo Verde trouxe a libertação ao povo e aos seus valores culturais. Ora, até que ponto não será a Língua Portuguesa, ela também, um valor cultural extensivo ao povo de Cabo Verde? Se as ruínas, se os monumentos históricos, se outros legados do passado são nossos, por que não a Língua Portuguesa? A nossa luta que libertou o crioulo não terá igualmente libertado o Português? Se é assim, temos o dever de conservá-lo[7].

Língua oficial e de instrução, o português é a língua escrita dominante dos meios de comunicação de massa, da administração e da literatura em Cabo Verde.

Baltasar Lopes abre caminho para o romance moderno de Cabo Verde, com *Chiquinho* (1947). Ao lado do cenário físico e social, o Autor procura fixar construções da língua nativa, através das falas das personagens e do discurso do narrador, buscando

sementeira, cantigas de *namorado*, com propósito de divulgar a literatura oral das ilhas.
6. *África. Literatura-Arte e Cultura*, Lisboa, 1979, vol. II, n. 6, pp. 73-75.
7. *Actas do Congresso sobre a Situação Actual da Língua Portuguesa no Mundo*, Lisboa, Icalpe, 1985, p. 229.

acentuar a cabo-verdianidade do Arquipélago. Utilizando-se de palavras do crioulo (*mantenhas, codê, léu-léu, milho-aliado*, respectivamente, saudações, filho mais novo, chuva fina, milho-pipoca), e de formas sintáticas, que representam ruptura aos modelos tradicionais, Baltasar Lopes torna-se pioneiro no espaço africano de língua portuguesa:

– Vivemos seis com mamãe. Tontonhinho é o codê[8], está só a pedir comida, não dormiu chorando fome, fome dói...[9]

Na década seguinte, um novo grupo de intelectuais lança a revista *Certeza* (1944), sob influência do neo-realismo português e brasileiro "prestando um novo tom de consciencialização à cena cultural-literária"[10]. Mas a revista, com dois únicos números, não publicou textos em crioulo, como o fizera *Claridade*. O novo grupo, pensando mais em termos ideológicos do que regionais, não se orientou pelas fontes populares, nem se voltou para a redescoberta da terra. Arnaldo França informa, no entanto, que o poema *M crebo*, de Rodrigo Pires, pronto para sair no n. 2 da revista, teria sido cortado pela censura (cf. *Voz di povo*, 5.11.77).

Após *Certeza*, as obras literárias em português continuaram a registrar expressões da fala e da sintaxe regionais. Nas narrativas de Manuel Ferreira, por exemplo, tais usos contribuem, sem dúvida, para conduzir o leitor a um contexto situacional identificado com a realidade do Arquipélago. Confiram-se, a seguir, alguns

---

8. *Codê*: filho mais novo, caçula.
9. *Chiquinho*, São Paulo, Ática, 1986, p. 161. Segundo Manuel Ferreira, a experiência de Baltasar Lopes foi muito além, criando textualmente uma terceira língua, ejectando o crioulo na língua portuguesa (Prefácio, *Claridade*, 1986, LXVIII).
10. Russel G. Hamilton, *Literatura Africana Literatura Necessária*, Lisboa, Edições 70, [s. d.], p. 125. Para Onésimo Silveira, a *consciencialização* caracteriza o acesso à consciência de aspectos da experiência excluídos da percepção consciente do sujeito (*Consciencialização na Literatura Cabo-verdiana*, Lisboa, Casa dos Estudantes do Império, 1963).

exemplos de *Hora di Bai* (1ª ed. 1962)[11], romance cujo tema central é a grande seca de 1943, que dizimou milhares de caboverdianos:

> Marido dela embarcou num veleiro e ninguém mais viu ele. Dias-há chegou nhô Tomás e me disse: Vá para Soncente (p. 16).

O pronome pessoal subjetivo como objeto direto é comum, tal como ocorre na linguagem coloquial do Brasil. A expressão *dias-há* significa há muito tempo; na ilha de Boa Vista usa-se *dizá*.

> Hora di bai? Bô crê bá comigo?.
> Não sejas disparatente.
> Bô é tracolança, menina (p. 18).

O pronome *vós* se diz *bô*, e passa a ser empregado na 2ª pessoa do singular, conforme já mencionamos. *Disparatente* significa disparatado e *tracolança,* doidivanas, mulher da vida.

> Noite de Mindelo é sabe e silenciosa, canta o troveiro (p. 51).
> Um dia, ou antes, há tempos, pela tardinha, estava ele nesta sabura (p. 52).

Sabe significa gostosa, deliciosa; *sabura*, gostosura. Para B. Lopes. assenta-se, talvez, no verbo saber, no sentido de ter sabor, provindo da expressão isto sabe bem, de que se teria isolado a forma verbal, portadora da idéia básica[12]. O verso "Noite de Mindelo é sabe e silenciosa" pertence ao troveiro popular Bèléza.

> Estou com graça de uma coisinha. É minha cachupinha guisada, disse nha Venância (p. 62).

Estou com graça = tenho vontade; *nha* provém de senhora, pos-

---

11. *Hora di Bai*, 3. ed., Lisboa, Plátano, 1972. As citações foram extraídas desta edição.
12. *Op. cit.*, p. 148.

sivelmente por intermédio de *senhara*, que também se ouve no Arquipélago[13].

Logo após o 25 de abril, Jacinto do Prado Coelho, da *Colóquio/Letras*, solicitou a escritores e estudiosos portugueses e africanos que se manifestassem a respeito de "O futuro do português como língua literária em África":

Portugal encontra-se no momento crítico duma das grandes viragens da sua História: cinco séculos após os descobrimentos e a Conquista, inicia o processo de descolonização, empenhando-se em contribuir para que as antigas colónias edifiquem um futuro independente, digno e próspero. Mas a presença da cultura portuguesa permanece através da língua que lhe serve de veículo. Qual a sorte dessa língua em África, no domínio da produção literária?

E acrescentava ser enorme tarefa:

planear e desenvolver uma acção político-cultural para expansão e consolidação em África da língua comum, estudando e respeitando, ao mesmo tempo, como se verifica em relação ao Brasil, a personalidade e o estilo (inclusivamente lingüístico) de cada um dos novos países irmãos[14].

O cabo-verdiano António Aurélio Gonçalves, em seu depoimento, enfatiza não ser possível a. substituição do português pelo crioulo, porque este não dispõe de características estéticas capazes de promover revoluções literárias, que não se improvisam de um momento para outro.

Manuel Ferreira considera que, em Cabo Verde, "um caso especial de aculturação e de bilinguismo literário", os escritores, em sua maioria, se expressam literariamente em português, ainda que se verifique, modestamente, um ou outro surto dialetal. E acrescenta: "Estamos em presença duma mestiçagem lingüística, não

---

13. Baltasar Lopes, *O Dialecto Crioulo de Cabo Verde*, Lisboa, Imprensa Nacional-Casa da Moeda, 1984, p. 134.
14. *Colóquio/Letras*, Lisboa, Fund. Calouste Gulbenkian, n. 21, set., 1974, pp. 5-16.

só na estrutura fonética como na morfológica, numa permanente desagregação da língua-padrão".

Enfim, todos os que responderam à questão proposta por Jacinto do Prado Coelho, quer encarando o problema do ponto de vista lingüístico, quer do ponto de vista sociocultural, destacam ser a língua portuguesa, por uma razão ou por outra, a língua literária das cinco nações africanas.

Pouco depois, em abril de 1979 registrou-se em São Vicente o Colóquio sobre o Crioulo, sob a égide do Ministério da Educação e Cultura e com patrocínio da Unesco, marcando um momento decisivo para o estudo da língua nativa. São palavras do então Ministro da Educação e Cultura, Dr. Carlos Reis, na abertura do Colóquio:

> Língua surgida da interpenetração de culturas, com o rodar dos tempos começou a ganhar foros de cidadania e a afirmar-se como um factor de identidade cultural e nacional e reduto da resistência que o povo de Cabo Verde, sob a direção do PAICG, soube opor à opressão colonial.

E continua:

> Os contos populares, os provérbios, as adivinhas, as anedotas de cariz verdadeiramente cabo-verdiano só têm sentido real quando ditos em crioulo. O escritor cabo-verdiano que utiliza a língua portuguesa sente, com freqüência, a necessidade de se recorrer a expressões do nosso crioulo para que a sua obra exprima com autenticidade a alma cabo-verdiana[15].

Recolhendo os elementos possíveis das tradições orais, o crioulo se integrará num quadro de atividade cultural, pois a cultura contida por estas tradições não poderá ser expressa pela língua veicular. As *mornas*, por exemplo, terão sempre sua melhor expressão em crioulo.

As obras literárias em Cabo Verde, em sua maioria, continuarão a ser escritas em português, língua que se abriu a este novo

---

15. *África. Literatura-Arte e Cultura*, Lisboa, África, n. 5, 1979, pp. 563-564.

espaço africano, modificando-se, mas conservando a sua unidade. Há ali uma nova norma, na acepção de Coseriu, norma que se vem ajustando à expressão literária, alimentando-se no coloquial do dia-a-dia.

Recomendando a variante de Sotavento como língua-base, o Colóquio finaliza sugerindo ao escritor que incentive "o uso e prática do Crioulo como língua de produção literária", e também que colabore com os lingüistas para o estudo e aprofundamento de seus valores intrínsecos, "de forma a prevenir o seu desenvolvimento e garantir a sua pureza".

A língua portuguesa em Cabo Verde continuará certamente a servir de instrumento de revitalização cultural, alcançando uma ambivalência lingüística, a *diglossia,* pela interferência do crioulo, de que fala Manuel Ferreira, revelando-se uma língua nova e atual.

4

Cabo Verde: O Drama da Partida em sua Literatura*

> *Como na literatura nordestina brasileira, tem-se o quadro sinistro dos retirantes pela perspectiva da insolvência, no contexto agravado pelas exíguas probabilidades das Ilhas. São, pois, os tempos de tentação da terra-longe que vem com o cheiro do mundo nos navios e toma corpo na conjuntura da crise, e os de Chiquinho emigrante, na cadeia de exílios em que se amarram sucessivas gerações da família cabo-verdiana.*
>
> MARIA APARECIDA SANTILLI

Até os anos 20 do século passado, o povo do Arquipélago de Cabo Verde não se tinha dado conta do que poderia fazer para melhorar as condições de vida em sua terra. Foi a partir da publicação de *Diário* (1929), por António Pedro, que os mitos da ideologia colonialista começaram a sofrer descrédito. O Autor, ao visitar Santiago, sua ilha natal, surpreendeu-se e registrou em seus poemas as inquietações pelo drama da "terra queimada", da "terra seca", terra de onde ele saíra criança: "Cá há mais do que calor, / há dor/ do sol".

---

* Texto inédito.

Na década de 1930, Porto Grande (ilha de São Vicente), escala marítima excelente, por sua posição geográfica, começou a entrar em crise, por falta de modernização. Com o desemprego em massa, pois as companhias de carvão vinham despedindo muitos trabalhadores, houve um levante liderado por Nhô Ambrósio: "bandeira negra de fome". Gabriel Mariano celebrou mais tarde o acontecimento com o poema épico *Capitão Ambrósio,* largamente difundido entre os militantes ou simpatizantes da independência do Arquipélago. O Capitão passa a ser, então, o símbolo do libertador.

Definida pelo *querer ficar* e *ter de partir*, a emigração tem sido um dos tópicos da literatura das ilhas, desde os anos 1930. Eugênio Tavares (1867-1930), poeta bravense, foi quem glosou pela primeira vez o drama da partida no poema-morna[1] *Hora de Bai*. Ouçamos uma de suas estrofes:

[...]	
Hora de bai,	(Hora da partida
Hora de dor!	Hora de dor!
Amor,	Amor,
Dixa' n chorâ!	Deixa-me chorar!
Corpo catibo,	Corpo cativo.
Bá bo que é escrabo!	Vai tu que és escravo!
Ó alma bibo,	Oh alma viva
Quem que al lebabo?	Quem te há de levar?)
[...][2]	

Mas foi em 1936, quando da publicação dos primeiros números da revista *Claridade*, que, efetivamente, se assinalaram expressões de revolta contra o drama do Arquipélago. Inspirados no

---

1. "*Morna*: música nostálgica, cantada e dançada aos pares em ritmo lento e moderado, ao som de instrumentos de corda (violão, violino, viola e cavaquinho), típica de Cabo Verde". (*Dicionário Houaiss de Língua Portuguesa*, Rio de Janeiro, Objetiva, 2001).
2. Manuel Ferreira, *No Reino de Caliban I*, Lisboa, Seara Nova, 1975, pp. 296-297.

movimento que gerou a revista *Presença*, de Portugal, e na literatura brasileira, principalmente na do Nordeste, os *claridosos* voltaram-se para as suas raízes, buscando temas que refletissem a vida no Arquipélago.

Em seu primeiro número (1936), a revista causa impacto, uma vez que o grupo responsável, Jorge Barbosa, Baltasar Lopes e Manuel Lopes, propõe o reencontro da identidade com a terra-mãe. Bem mais tarde, em 1956, Baltasar Lopes, referindo-se ao movimento "claridoso", registra o entusiasmo pelos escritores brasileiros da década de 1930, cujas propostas renovadoras revelavam coloração local, coerência com a linguagem oral e com os estudos sociais inspirados, principalmente em Gilberto Freyre. Ainda que seca e estéril, ainda que queimada e *nhanhida*[3], a terra de Cabo Verde merecia que seus escritores nela se inspirassem. E foi o que os claridosos fizeram.

Com a revista *Claridade*, a literatura cabo-verdiana voltou-se para os seus valores culturais. Assim, poetas e prosadores passaram a expressar a autenticidade das ilhas, uma espécie de prénacionalismo, que melhor revelava a realidade das ilhas. O crioulo[4] passou, então, a ser privilegiado, uma vez que para os claridosos se impunha pensar o problema de Cabo Verde, é o que diz o cabo-verdiano Teixeira de Sousa[5].

Um dos mentores do movimento, Jorge Barbosa, antecipando-se ao grupo, havia publicado em 1935 *Arquipélago*, em que re-

---

3. *Nhanhida*: termo crioulo que significa infeliz, desgraçada, amaldiçoada.
4. Para o escritor Luís Romano, o dialeto de Cabo Verde vem se estruturando como padrão seletivo e cotidiano, com futuro assegurado para se elevar à categoria de língua, o que se pode comprovar pelos textos literários e pelas canções tradicionais. O autor publicou em 1973 a primeira obra de ficção mais extensa em prosa cabo-verdiana: *Lzimparin/Negrume*, levantando "as bases concretas que justificam finalmente a presença da Língua Caboverdiana na Literatura Mundial" (em *A Língua Caboverdiana*, Xerocópia enviada ao I Encontro de Centros de Estudos Portugueses do Brasil. São Paulo, CEP/FFLCH/USP, set./93, pp. IX-XX).
5. "Da Claridade à Clarividência", *Cultura,* Suplemento de *A Semana*, n. 125, 19 de outubro de 1993.

tratava as ilhas desfavorecidas pelas constantes estiagens. Confiram-se versos do poema *Paisagem*:

> Malditos
> Estes anos de seca!
> Mete dó
> O silêncio triste
> Da terra abandonada
> Esmagada
> Sob peso
> Do sol penetrante!
> [...]
> em tudo
> o cenário dolorosíssimo
> da estiagem
> – da fome![6]

Também em seu poema *Casebre*, há muito realismo na descrição da tragédia das secas: no "cenário ressequido da planície", onde não há "nem restos de árvore", onde "sem batentes / "as portas e as janelas" / "ficaram escancaradas" / "para aquela desolação"; onde a mulher, o filho, o homem, tudo tinha sido levado pela estiagem; onde "No quintal do casebre três pedras juntas" / "três pedras queimadas" / "que há muito não serviram"[7].

A partir de *Claridade*, os escritores, identificados por Gilberto Freyre como "uma espécie de Ceará desgarrado no meio do Atlântico"[8], procuraram captar aquele universo na dimensão de suas estreitezas, condicionado pela pequenez geográfica e pela terra seca e inóspita. Mas não deixaram de expressar as suas esperançosas farturas para quando as chuvas regressassem e as sementes das certezas germinassem no ventre da *mamãe-terra*.

Assim é que, Osvaldo Alcântara, em *Mamãe*, *Claridade* n. 2, não perde a esperança de ver a terra "apenas adormecida", embora

6. *No Reino de Caliban* I, pp. 95-96.
7. *Idem*, p. 100.
8. *Aventura e Rotina: Sugestões de uma Viagem à Procura das Constantes Portuguesas de Caráter e Ação*, Rio de Janeiro, José Olympio, 1953, p. 287.

"sepultada numa mortalha de chuva". E, num tom cheio de comoção, apela para a *Mamãe-Terra*:

> Não morreste, não, mamãezinha?
> Estás apenas adormecida
> Para amanhã te levantares.
> Amanhã, quando saíres,
> Eu pegarei o balaio
> E irei atrás de ti,
> E tu sorrirás para todo povo
> Que vier pedir-te a bênção.
> Tu não deitarás a bênção
> E eu me alimentarei do teu imenso carinho...
>
> Mamãezinha, afasta-te um bocadinho
> E deixa o teu filho adormecer ao pé de ti...[9]

Para Manuel Lopes, as imagens da seca em *Naufrágio*, que figura em *Poemas de Quem Ficou*, chegam a personificar-se, apresentando-se por uma perspectiva marcada por um realismo crítico:

> Ai a tristeza do vento
> Chorando...
> Ai as nuvens indo à solta
> Em louca corrida
> Medrosas, fugindo à mão estendida...
> Ai a solidão dos montes
> despidos, à nossa volta
> onde a vida aos poucos se consome
> – seios nus ensangüentados
> onde as raízes
> morrem de fome...[10]

Pedro Corsino Azevedo (1905-1942) enfatiza o trabalho escravo do emigrante contratado, em imagens de densa conotação dramática:

9. *No Reino de Caliban*, I, p. 110.
10. *Idem*, p. 104.

> Terra-longe tem gente-gentio,
> Gente-gentio come gente,
> Terra longe! Terra-longe!...
> – Oh mãe que me embalaste!
> – Oh meu querer bipartido![11]

Fruto do encontro de duas culturas, absorvidas em interação harmônica, o "querer bipartido" de que fala o poeta explicita a situação dilemática do cabo-verdiano, sempre hesitante em *partir* para a terra-longe ou *ficar*, cheio de esperança pelas chuvas. Os versos do batuque da ilha de Santiago, colocados no frontispício do romance *Chiquinho* (1947), de Baltasar Lopes, representam bem tal ambivalência:

> Corpo qu' ê nêgo, sa ta bái;   O corpo, que é escravo, vai;
> Coraçom, qu' ê fôrro, sa ta fica...   O coração, que é livre, fica...

As terras estéreis e a presença do mar convidam o cabo-verdiano para a evasão. Época em que se interrogava mais amiúde a situação colonial, a poesia passa a refletir a fuga dos intelectuais para outras terras. À maneira de Manuel Bandeira, Osvaldo Alcântara, pseudônimo poético de Baltasar Lopes, emigra para Pasárgada, a representar "o paradigma de conquista última pelo homem", como disse Manuel Ferreira:

> Saudade fina de Pasárgada...
> Em Pasárgada eu saberia
> Onde é que Deus tinha depositado
> O meu destino...

Posteriormente, nos anos 1960, Pasárgada passa a ser o símbolo da solução elitista dos problemas de Cabo Verde, sendo vigorosamente repudiada pelo clamor poético de Ovídio Martins. Da súplica da primeira estrofe, o poeta chega à ação veemente da última:

---

11. *Idem*, p. 120.

Pedirei
Suplicarei
Chorarei
Não vou para Pasárgada
Atirar-me-ei ao chão
E prenderei nas mãos convulsas
Ervas e pedras de sangue
Não vou para Pasárgada
Gritarei
Berrarei
Matarei!
Não vou para Pasárgada[12].

Manuel Ferreira, discorrendo sobre o *evasionismo* da década de 1930, alerta que não se pode pensar como tendo sido fuga. O sujeito poético, transportado para outras terras, reconhecia a estreiteza de suas ilhas, na medida em que a situação colonial levava os jovens poetas a protestos, a interrogações, a evadir-se para outras civilizações. E acrescenta ter sido "fuga à erosão colonial" e não "voltar as costas à caboverdianidade"[13].

Outros poetas *anti-pasangadistas* inspiraram-se na emigração para São Tomé dos anos 1950, tema que, no contexto colonial, sempre ocupou lugar de destaque na literatura de Cabo Verde, como se pode verificar nos poemas: *Romanceiro de São Tomé* de Osvaldo Alcântara, *Poema* de Onésimo Silveira, *Caminho Longe* de Gabriel Mariano e *Emigrante* de Corsino Fortes.

Para Amílcar Cabral, a voz do poeta deve também ser a voz da terra, a voz do povo. Suas mensagens devem transcender o sonho da evasão, o desejo de *querer partir*. O sonho tem de ser outro, "o de outra terra dentro da nossa terra[14], e aos poetas – os que continuam de mãos dadas com o povo, de pés fincados na terra e participando no drama comum – compete cantá-lo"[15].

12. *Idem*, p. 186.
13. *O Discurso no Percurso Africano I*, Lisboa, Plátano, 1989, p. 160.
14. Amílcar Cabral toma emprestado o verso de Aguinaldo Fonseca.
15. "Apontamentos sobre a Poesia Caboverdiana", *Vozes*, Petrópolis, n. 1, 1976, pp. 15-21.

A prosa narrativa percorre o mesmo caminho do movimento cultural na poesia. O primeiro texto ficcional da moderna literatura de Cabo Verde, com claros objetivos de regionalização, será publicado em *Claridade n. 1* (1936), com o título de *Biba*. Constituirá um dos capítulos do romance *Chiquinho*, de Baltasar Lopes, publicado somente em 1947. Em 1937 sairá outro capítulo em *Claridade n. 3*.

O romance terá como elemento catalisador, na trajetória do protagonista, a emigração. Fora em São Nicolau, sua ilha natal, que Chiquinho conhecera uma das piores crises. Sua alma crioula não resistiu à calamidade e ele acabou por decidir pelo caminho do mar, partindo para a América do Norte, como seu pai fizera há anos:

> O mar também era o meu caminho. Papai, com as notícias que lhe iam chegando, perguntou-me se eu queria ir para América. Tio Joca apoiou imediatamente. Mamãe lamentou o destino que me obrigava a largar a minha terra. Mas também ela não queria que eu ficasse pasmando pelo Caleijão, como gente sem eira nem beira[16].

Mas na América seria a emigração livre, promessa feliz de regresso à terra natal:

> Titio Joca e José Lima foram os grandes animadores que nessa ocasião me ampararam. A América foi ficando para mim uma Terra de Promissão em que eu poderia realizar todas as minhas virtualidades. E uma grande esperança me invadiu. Retomei contato com meus livros[17].

Manuel Lopes irá evidenciar de forma bastante dramática o dilema contido em *partir/ficar* no romance *Chuva Brava* (1956). Enquanto algumas personagens decidem emigrar para o Brasil, outras, acreditando nas possibilidades das chuvas, decidem ficar, como o protagonista Mané Quim, ao acordar, cheio de esperança, com o barulho da chuva.

---

16. Baltasar Lopes, *Chiquinho*, São Paulo, Ática, 1986, p. 170.
17. *Idem, ibidem.*

Em *Os Flagelados do Vento Leste* (1960), Manuel Lopes desvenda as raízes sociais, de modo que as catástrofes naturais, os ventos e as secas pesem tragicamente sobre os destinos humanos. As personagens de seus romances, no dizer de Manuel Ferreira, marcam um ponto alto na literatura de Cabo Verde, pois são inseridas numa realidade concreta, profundamente desagregada em tempos de fome provocada pela estiagem[18].

Luís Romano edita no Brasil *Famintos* (1962), romance onde a seca, com suas trágicas conseqüências, é exacerbada por cenas plenas de realismo. Tem por palco as ilhas do Arquipélago, atingidas e englobadas numa só, *Ilha sem Nome*, como se elas passassem a fazer parte da história do mundo. O romance, alinhavado e compilado na década da grande fome dos anos 1940, segundo o próprio Luís Romano, assinala, com ironia, o fato de as secas serem feitas de riqueza para os donos das roças de cacau.

Os emigrantes têm sido atraídos por vários pontos muito distantes do seu Arquipélago. São Tomé, ilha do golfo da Guiné, é para eles a *terra-longe*, significando o trabalho escravo, sofrido e penoso. Assim a estreiteza de perspectivas do cabo-verdiano surge no romance *Hora di Bai*, de Manuel Ferreira (1962), como hipótese da emigração para São Tomé, sempre um *negócio da China* para o engajador de Cabo Verde e para o dono das roças de cacau de São Tomé. O espaço da seca de 1943, tão bem representado, conduz o leitor a ingressar num contexto mais profundo, o da dor coletiva do sofrido povo do Arquipélago.

É digna de nota a sintaxe interrogativa, ao longo do romance, para questionar, sobretudo, os que manipulam o poder, numa espécie de libelo acusatório, configurando a narrativa também num contexto moral e ideológico: "Noite de Mindelo é sabe e silenciosa, canta o troveiro. Porém, o troveiro teria razão?" Já no cap. 1, a perplexidade das indagações do narrador e de suas respostas envolve as coisas essenciais, indispensáveis à subsistência do homem de São Nicolau:

18. *Literaturas Africanas de Expressão Portuguesa*, São Paulo, Ática, 1987, p. 76.

Dondê aquelas bananeiras verdinhas de cachos pendidos em arco ao rés-do-chão? Dondê aqueles pés de papaia carregadinhos, e aquelas batatas-doces, e aquele feijão, e aquela mandioca, aquele nhame, e aquele milho crescendo na achada, dando a fartura da gente e dos animais? Ervas, rebentos, raízes, tudo desaparecia na voragem da sede e do calor.
[...]
A maldição varrera a ilha. A maldição da estiagem. Da fome. Os sobreviventes dessa fúria ciclônica, que eram? Restos de vida absurda e degradada na luta impiedosa pela sobrevivência[19].

A certa altura, os enunciados impregnam-se do dialogismo de vozes, na busca de representar de forma densa e tensa a realidade do Arquipélago:

"Povo anda chateado. Povo só ameaça. Cantam morna da fome, e lá para a Salina, Monte Sossego, Chão de Alecrim, Fonte Cônego, Ribeira Bota, toda gente canta morna da fome."
"Morna da fome?"
"Senhor, sim. Morna da fome. Morna da fedagosa[20]."
"Que é isso morna da fedagosa, Dina?"
"Senhor, sabe. Gente de Santo Antão e de São Nicolau não tinha comida. Só fedagosa. Fez chá de fedagosa e gente morreu."
[...]
A chuva não vinha, a fome continuava e o caminho livre era o da escravidão. A própria Chica Miranda reconsiderou. Chorosa, na noite anterior, disse a nha Venância:
"Senhora, eu vou. Nossa terra está a acabar em nada. Chuva não vem".
[...]
Um pressentimento a [Chica Miranda] percorria de que lá em São Tomé lhe estava reservada uma desgraça. Ou febre ou morte da filha ou outra coisa assim. Terra-longe tem gente-gentio, dizia a canção que sua mamãe lhe ciciava em pequenina. Dorme, dorme, meu menino... Terra-longe tem gente-gentio, gente-gentio come gente[21].

---

19. *Hora di Bai*, São Paulo, Ática, 1980, p. 18.
20. *Fedagosa*: planta cujas sementes torradas substituem o café.
21. *Hora di Bai*, pp. 132-133. Manuel Ferreira não é cabo-verdiano de nascimento, mas lá viveu alguns anos de sua juventude. Sua obra ficcional versa quase toda sobre temas do Arquipélago.

A intertextualidade estende-se, aprofunda-se, reproduzindo os versos de Ovídio Martins, num reencontro feliz:

> Caminho traidor
> Caminho de dor
> Ó lenta agonia
> Caminho sem dia
> Caminho sem fé
> Roças de São Tomé
> Caminho longe...

Em *Voz de Prisão* (1971), Manuel Ferreira justapõe o português e o crioulo, numa aculturação lingüística em nível de discurso literário. São Vicente e Lisboa representam os pólos da (e)migração e do retorno. Joja, figura feminina sexagenária, sobressai-se em seu *papiamento*, tendo por espaço a sala de visitas, recordando-se de Cabo Verde: "é nha terra, nossa terra é pequenina, mas terrinha de saudade". Veio para Lisboa para casar as filhas e formar o filho em medicina, mas trouxe consigo Cabo Verde que, pela memória, procura manter em sua inteireza.

As angústias da fome e da separação, que de tempos em tempos assolam o povo, provocadas pelas longas estiagens, revelam-se em *Contra Mar e Vento*, contos que Teixeira de Sousa reuniu e publicou em 1972. Quase todas as histórias se passam na ilha do Fogo, onde há muitos conflitos por causa, especialmente, de sua estrutura latifundiária.

Em *Cais-do-Sodré-te-Salamansa* (1974), Orlanda Amarílis registra personagens que se recordam, com muita nostalgia, da vida em Cabo Verde. Os reencontros e desencontros no Cais-do-Sodré, porto de Lisboa, ou em Salamansa, praia de São Vicente, são marcados por vozes integradas na *morabeza*[22] do Arquipélago. A *partida* e a *chegada*, simbolicamente, abrem e encerram este livro de contos.

---

22. *Morabeza* ou *amorabilidade*: modo afetivo de ser, misto de gentileza e liberalidade; ânsia de convívio e de trato humano como resposta ao isolamento geográfico, afabilidade como compensação da aridez do ambiente.

Em "Ilhéu dos Pássaros" (1983), contos de Amarílis, a fome, a seca e os ventos, que tudo devastam, são temas recorrentes. Suas personagens, ainda que movidas pela necessidade de partir, nunca perdem de vista a terra natal, mantendo suas raízes sempre vivas. O *ilhéu dos pássaros*, que dá nome ao livro, simboliza o *farolguia* da memória das Ilhas, sempre presente nas histórias vividas ou narradas.

O fato literário em Cabo Verde evoluiu do condicionalismo colonial das primeiras décadas do século passado, em que os escritores se viam alienados da própria experiência, para um estádio de *consciencialização*[23], em que a verdade histórica do Arquipélago passa a ser registrada. Embora os claridosos dos primeiros momentos estivessem voltados para um evasionismo, como se Pasárgada pudesse sufocar seus desejos, pouco a pouco se foram tornando plenamente ativos, a exemplo de Nhô Ambrósio, acabando por refletir o quadro dramático do Arquipélago, em suas verdades mais cruas.

Em *O Emigrante Cabo-verdiano em Lisboa*, João Lopes Filho aborda as causas da emigração, os fluxos migratórios, as condições de vida do emigrante, finalizando com a crise da adaptação. Vale a pena citar o seguinte fragmento:

"Expulsos" da sua terra, do seu ambiente natural, onde certos direitos (ainda que limitados) lhes eram reconhecidos, encontram-se confinados em verdadeiros "ghettos", quase isolados dos restantes trabalhadores e das populações locais. Vindos de um meio cultural que lhes era familiar, sentem-se num mundo diferente acerca do qual desconhecem

---

23. Manuel Lourenço sugere que *consciencialização* se possa analisar em termos de uma concepção de consciência como processo que se realiza por estádios: o da inconsciência, em que o sujeito-poético é passivo; o do apelo em que há um despertar da consciência; e o da *consciencialização*, em que o sujeito-poético, plenamente ativo, cria a sua realidade (em "O Desenvolvimento da Consciência em *Sagrada Esperança*", *África*, Lisboa, n. 3, jan./mar.1979, pp. 245-262).

os costumes sociais e familiares, bem como as próprias leis ou regras de conduta.

Mais adiante o autor acrescenta:

> Como o apego à terra é grande, regressa sempre que pode, porque o seu coração está sempre em Cabo Verde, para onde volta roído de saudades, logo que possível[24].

O drama da partida vincula-se pois à chegada, numa interseção como dois pólos a se desdobrarem em processo contínuo. Viver em Cabo Verde é, permanentemente, *querer ficar* e *ter de partir*, como também *querer partir* e *ter de ficar*. Qualquer decisão será sempre provisória.

---

24. *África*, Lisboa, n. 9, 1980, pp. 447-448 e 452.

5

Hora di Bai: Típica Síntese de Cabo Verde*[1]

> *No plano histórico-literário,* Hora di bai *é, assim, uma obra especial para situar o Autor. Pelos critérios de Luís Romano, os escritores cabo-verdianos caberiam em três grupos: o dos mestres, o das desilusões e o das esperanças, no último dos quais dá lugar a Manuel Ferreira, como irmão-mensageiro que, para Arnaldo França, trouxe, na aliança com Cabo Verde, seu dote: a força catalisadora, no vigor de sua mensagem, palavra característica de tempos heróicos de Cabo Verde.*
>
> Maria Aparecida Santilli

Situado entre a África Negra e a Europa, Cabo Verde revela duas culturas que se deixam absorver pelo afluxo uma da outra,

---

* "Hora di bai: Típica Síntese Cabo-verdiana", *Les Litteratures Africaines de Langue Portugaise*, Paris, Fondation Calouste Gulbenkian, 1985, pp. 207-213.
1. *Hora di Bai*, romance de Manuel Ferreira, publicado em Portugal em 1962, mereceu o prêmio Ricardo Malheiros. Teve mais três edições em Portugal (1963, 1964, 1972) e uma edição no Brasil, em 1980. Foi traduzido para o francês em 1967, com o título *Le pain de l'exode*, e posteriormente, em 1979, para o russo. As citações que faremos da obra são da 3ª edição emendada, de 1972, da Plátano Editores.

numa constante e progressiva interação. Ali se verificou uma miscigenação que não implica uma simples mestiçagem, mas uma metamorfose, uma individualização, em que um homem novo, o crioulo, se revela em pormenores do estar e do comportar-se na vida: um tipo instável, ora dominado pelo espírito de ação e de combate, ora pelo espírito de resignação e de derrota.

O cabo-verdiano é bilíngüe, expressando-se em crioulo, sua língua de berço, identificada com o falar quotidiano, e em português, língua oficial, que desempenha papel importante em nível das classes letradas.

A literatura também se apresenta em dupla vertente: a das obras em crioulo, veículo do lirismo popular, principalmente, pelas mornas[2], dedicadas às ilhas e a seu povo; e a das obras em português.

Manuel Ferreira (1917-1997), português de nascimento, foi para Cabo Verde como expedicionário, onde permaneceu por seis anos (1941-1947). Conviveu com o grupo de *Claridade* e exerceu decisiva influência no surgimento do grupo da revista *Certeza* (1943).

Em 1948 publicou seu primeiro livro com temática cabo-verdiana: *Morna*, coletânea de nove contos, em que o contrabando, a prostituição, o dilema entre *ir* e *ficar* serão alguns motivos do universo das ilhas. Em 1958 publica *Morabeza*, seis contos, reunidos em 1972 aos de *Morna*, sob o nome de *Terra Trazida*. Na apresentação desta edição diz Manuel Ferreira:

> Talvez se estranhe, estranhar-se-á com certeza neste espaço narrativo, agora reformulado, o uso e abuso de quatro elementos obsessivos: a morna, a busca de comida, o círculo do mar, o terra-longismo. E não obstante, quatro pólos de referência da gesta cabo-verdiana. Esta, pelo menos, a imagem viva dentro de mim. Esta na verdade a terra trazida por mim[3].

2. *Morna*: poesia, música e dança típica de Cabo Verde.
3. "Prefácio", *Terra Trazida*, Lisboa, Plátano, 1972.

Em 1962 publica o romance *Hora di Bai* e, em 1971, outro romance *Voz de Prisão*, ambos com temas voltados para o Arquipélago.

O Autor publicou também os seguintes livros de ensaio e investigação: *A Aventura Crioula* (1967), *No Reino de Caliban: Panorama da Poesia Africana de Expressão Portuguesa – Cabo Verde e Guiné Bissau* (vol. I, 1972); *Angola e S. Tomé e Príncipe* (vol. II, 1976); *Moçambique* (vol. III, 1986); *Literaturas Africanas de Expressão Portuguesa* (2 vols., 1977); *Bibliografia das Literaturas Africanas de Língua Portuguesa* (co-autoria com Gerald Moser) (1983); *O Mancebo e Trovador Campos de Oliveira*. Primeiro romance moçambicano (1984); *Que Futuro para a Língua Portuguesa em África?* (1988); *50 Poetas Africanos: Antologia selectiva* (1989); *O Discurso no Percurso Africano I* (1989).

Hora di Bai tem como proposta a situação do dilema do homem cabo-verdiano: *querer ficar* e *ter de partir*, e/ou *querer partir e ter de ficar*. Manuel Ferreira busca transpor para a ficção a realidade histórica e geográfica, a seca de 1943, que assolou o Arquipélago, num discurso interessado e dirigido de modo a solicitar do leitor muitas interrogações a respeito daquele insólito universo de estiagem e de fome. E quem indaga, como o leitor, passa a participar daquela realidade, por tudo o que lhe pertence: suas personagens, seus sentimentos, suas idéias.

A fome tratada reiteradamente mostra seus limites, além dos quais a ausência de satisfação se torna insuportável e a tendência a mitigá-la assume características de impulsos incontroláveis. As personagens, diláceradas pela fome, passam a ser propostas numa constante ambivalência de revolta e/ou de submissão, a revelarem simultaneamente o "querer bipartido" de que fala Pedro Corsino Azevedo[4].

---

4. A expressão faz parte do poema *Terra-longe*, publicado em *Claridade*, n. 4, 1947. Cf. a última estrofe:
Terra longe! Terra-longe!...
– Oh mãe que me embalaste!
– Oh meu querer bipartido!

O romance organiza-se numa seqüência de dois segmentos: o primeiro vincula-se à partida de São Nicolau, e o segundo, à estada na ilha de São Vicente. Segmentos que não se propõem desvinculados, mas interpenetrados, uma vez que o narrador objetiva dimensionar o cabo-verdiano em sua inteireza bifronte: *partir* por razões de fome, e/ou *ficar* porque a *cachupa*[5] deverá chegar para todos. Como dissera Chico Afonso, ao cantar a morna de despedida, cujo primeiro verso dá título ao romance.

Imagem a caracterizar aquele pequeno universo, o veleiro *Senhor das Areias*, "velho amigo do Arquipélago", assume conotação espacial ambígua: a pequenez da vida das ilhas, revelada pelos assuntos do *papiamento* dos passageiros enquanto se dirigem para São Vicente; e a grandeza infinita que lhe empresta o contexto do mar[6], revelada na sua dimensão da *amorabilidade*[7] cabo-verdiana. É como se aquela gente precisasse enclausurar-se em sua estreiteza, unida da mesma fé, para depois partir, alimentada da mesma esperança.

São Vicente, espaço catalisador da cultura do Arquipélago, será proposto pelo Autor como se fora cadinho dos ingredientes narrativos, onde se vão juntar os vários tipos daquelas ilhas: Chico Afonso, cantador de mornas; Nhô Mocinho, espécie de ancião sábio; Capitão Fonseca de Morais, condutor do barco; Juca Florêncio, jornalista e estimulador do oportunismo; Dr. César; professor; Jacinto Moreno, poeta; e Nhá Venância, protótipo da *morabeza*.

---

5. *Cachupa*: alimentação de cunho local, feita à base de milho; o termo teria sido derivado do ambundo *cachupa*, palha de milho para cigarro, segundo Luís Romano.
6. Para Eduíno Brito, o mar é o elemento que unifica e tudo condiciona; e é onde vivem "a abundância e a fome, a vida e a morte das gentes cabo-verdianas". Em "Cabo Verde, a Terra e o Homem", *Vértice* n. 12, Coimbra, 1952, p. 432.
7. *Amorabilidade* ou *morabeza*: modo afetivo de ser gentil e liberal ao mesmo tempo; afabilidade, ânsia de convívio e de trato humano como resposta ao isolamento geográfico.

São Vicente surge aos passageiros "iluminadinho, tão iluminadinho como se fosse dia de festa. Como se fosse tempo de coladeira"[8]. A descrição da ilha de esperança apresenta-se no tecido narrativo não como mera finalidade retórica, mas plena de realismo, dentro do verossímil referencial.

A história, modelo do discurso de *Hora di Bai*, acaba por expressar, através de uma significação imediata, descritiva e parcial, uma significação mais profunda, ultrapassando a observação real, conduzindo o leitor a ingressar num espaço que se constitui de uma interrogação à vida em Cabo Verde.

As personagens vivem conflitos próprios das necessidades mais elementares da vida humana, projetando na situação-limite de angústia o simples viver quotidiano que lhes é, contudo, tão relevante. Seres fictícios, cuja verossimilhança se acentua na medida em que comunicam progressivamente suas verdades singelas, mas autênticas, afirmam-se pouco a pouco como bobinas vivas do romance, em torno das quais se enrolam os fios do enredo e a simplicidade dos pensamentos.

Assim as mornas, tão liricamente cantadas por Chico Afonso, passam a significar, num contexto mais profundo, a dor coletiva daquele sofrido povo, que se transpõe miticamente para cada uma daquelas personagens do veleiro. Não é sem razão que, ao anunciar-se a chegada a São Vicente, se comemora com a morna, num desejo irresistível de exprimir a saudade da ilha de São Nicolau, que só a lírica crioula poderia tão bem traduzir:

Sôdade sôdade	(Saudade saudade
Sôdade desse nha terra de São Nicolau.	Saudade dessa minha terra de São Nicolau.)

As personagens do segundo segmento da narrativa são por demais diferenciadas, como já aludimos: o oportunista, ajustado a conveniências, a interesses pessoais, como Juca Florêncio; o po-

---

8. *Coladeira*: dança e música típicas de Cabo Verde, de ritmo excitante, animadas por grandes tambores, percutidos num dado ritmo.

lêmico Dr. César, representante da oposição, que acusa e desmascara as autoridades; o poeta Jacinto Moreno, identificado com o destino do qual o cabo-verdiano não pode fugir; e finalmente Venância, símbolo da *Mãe-Terra*, em sua infinita capacidade para amar e compreender, para auxiliar e proteger.

A prostituição, o contrabando, a insurreição das *bandeiras negras* são temas subsidiários da fome. A prostituição precoce explica-se pela presença do porto de mar, mas, principalmente, em decorrência da grande tragédia de 1943, que arrasava pessoas e valores morais. O contrabando questiona um postulado ético: em tempo de fome, como encarar a alternativa do contrabando, legal ou ilegalmente? O barco italiano, que fora torpedeado em São Vicente, vinha "carregadinho de café e dum mundão de mercadorias". Era muita fartura para o povo faminto.

A insurreição das *bandeiras negras* reflete o quadro dramático vivido em Cabo Verde, em suas verdades mais cruas. Enquanto alguns partiram, fugindo nos porões dos navios ou emigrados para as roças de São Tomé, outros ficaram, desfraldando as bandeiras da fome contra os fartos celeiros do comerciante Sebastião Cunha. Agitam-se "bandeiras negras" aos gritos de "ca-chu-pa! Mi-lho!". A revolta torna-se incontrolável, extremada pelo desespero dos famintos. Após a luta por um pouco de milho, arroz e feijão, restam nas ruas desertas, despojos de sacos desfeitos, poças de sangue e um ror de "bandeiras negras" a cobrir os destroços da luta e a indicar "novos caminhos de amor pra lá da negra bandeira"[9].

---

9. São versos do poema *Capitão Ambrósio*, de Gabriel Mariano, poeta da ilha de São Nicolau, versos que o Autor procurou manter em seu texto. Este poema foi largamente difundido em fita magnética, entre os militantes ou simpatizantes da independência de Cabo Verde. Em carta que me enviou, no começo de 1980, Manuel Ferreira diz que a história de Ambrósio lhe foi contada por sua mulher, Orlanda Amarílis, natural de Cabo Verde. O poema está publicado *No Reino de Caliban*, pp. 176-179. São seus primeiros versos: "Bandeira/ negra bandeira/ bandeira negra da fome/ Bandeira erguida no vento/ em mãos famintas erguida/ guiando os passos guiando/ nos olhos livres voando/ voando livre e luzindo/ inquieta e livre luzindo/ luzindo a negra bandeira/ clara bandeira da fome".

O tema da partida, tópico da literatura cabo-verdiana, apresenta-se no romance de Manuel Ferreira, nos sentidos de emigração e evasão. A emigração será para São Tomé, um bom negócio, tanto para o engajador de Cabo Verde, como para o dono da roça de cacau daquela ilha. "Terra-longe tem gente-gentio, gente-gentio come gente"[10].

A evasão manifesta-se como desejo coletivo, pois segundo o narrador

> De novo se abria em São Vicente um vazio intelectual acendido e reacendido por um ou outro nome de *Claridade*. Até que novo grupo se formasse e se impusesse (pp. 163-164).

Há aqui uma clara referência ao grupo da *Certeza*[11], do qual o Autor fará parte.

São Vicente representa a evasão, sugerindo um sentido de renascença, como se ali pudera surgir um homem novo. Espaço catalisador da cultura das ilhas onde se "juntam as riquezas artísticas do Arquipélago e os tipos *rácicos* disseminados nas outras[ilhas]"[12]. Cadinho no qual se misturariam os ingredientes narrativos, surge neste segmento, como perspectiva de futuro, para a gente de São Nicolau, que se desentorpecia da imobilidade do barco e cujos sonhos sepultados renasciam, naquele momento de chegada. É visível a contraposição do cenário anterior diante daquele que se anuncia auspicioso:

> São Vicente iluminadinho, tão iluminadinho como se fosse dia de festa. Como se fosse tempo de coladeira. O rufo dos tambores a galgar a ilha, tã-tã, tã-tã, còlá–còlá, colá na mim, pâ'm còlá na bô[13], a revolver o povo inteiro (p. 84).

10. O Autor rememora a voz do poeta Pedro Corsino Azevedo no poema *Terra-longe*, cujo verso constitui o estribilho.
11. O grupo da *Certeza* (1944) segue as propostas dos neo-realistas portugueses.
12. Segundo Luís Romano em: *"Cabo Verde* – Renascença de uma Civilização no Atlântico Médio", *Ocidente* 71 (343), Lisboa, 1966, p. 222.
13. A frase em crioulo significa: tã-ta~, tã-tã, cola-te, cola-te a mim, para eu colar em ti. O narrador refere-se à coladeira.

Em Venância, personagem que domina o cenário humano, o desejo de partir é matizado por um estado de espírito ligado à necessidade estabelecida pelos padrões exteriores de alargar o plano da convivência. Venância torna-se o paradigma da resistência, preservando o coração pleno de *amorabilidade*, verdadeiro contraponto de seu povo.

Cabo-verdiano deve agarrar-se à sua terra. Encontrar aqui, nas horas de infortúnio, a sua razão de ser. Então, vamos todos desertar? (p. 258).

Tais palavras ditas pelo poeta Jacinto Moreno, num momento de indecisão de Venância, irão constituir o código a solicitar os conteúdos distantes e esquecidos de sua infância, perfazendo o círculo de associações em que se soluciona inesperadamente o dilema do viver em Cabo Verde:

"Bia! Joana!"
Apareceram as duas [criadas] e nha Venância, erguendo-se da cadeira de balanço e mirando-se ao espelho, disse-lhes que a partida para Lisboa ficava adiada (p. 264)[14].

As personagens tentam sobreviver, exteriorizando suas forças na resignação da *hora di bai*, ou na resistência das *bandeiras da fome*, dualismo que se insere num contexto mais profundo de capitulação e de luta do ser humano. Algumas, adaptando-se às necessidades da situação de extrema carência, decidem emigrar, enquanto outras, dando vazão à hostilidade reprimida, resistem e explodem os celeiros abastados de milho, arroz e feijão de Sebastião Cunha.

O porta-voz da narração, a partir do primeiro capítulo, distancia-se das personagens e do espaço, com intenção declarada de

---

14. Interessante notar que, na edição brasileira de 1980, Manuel Ferreira transpôs o discurso indireto para o direto, dando mais vivacidade e tensão às palavras de Venância: "'Bia! Joana!' Apareceram as duas. Nha Venância, erguendo-se da cadeira de balanço e mirando-se ao espelho, disse-lhes: 'Desfaçam as malas. Já não embarcamos para Lisboa'" (p. 153).

provocar reflexões sobre aquele mundo de que se faz intérprete. Algumas vezes irá contrastar com outras vozes, oferecendo hipóteses discordantes: "Noite de Mindelo é sabe[15] e silenciosa. O troveiro teria razão?".

É freqüente tal sintaxe interrogativa a estruturar o discurso do narrador, em face das desarmonias que ele não pode compreender, nem talvez aceitar. São interrogações orientadas, principalmente, para questionar aqueles que manipulam o poder, num protesto dissimulado.

Para caracterizar melhor as personagens, por vezes o narrador reproduz-lhes os matizes da linguagem afetiva, as peculiaridades de expressão. São momentos importantes para documentar o crioulo, como organismo vivo de uso diário do cabo-verdiano: *Eh bocê, dzê'me um côsa. Q'zê quil?* (Eh você, diga-me uma coisa. O que é aquilo?).

Tema, espaço, personagens, narrador destacam aspectos da narrativa, configurando-a em seu contexto físico, moral e ideológico. Embora sejam elementos estruturais diversos, identificam-se nos traços de sua fisionomia essencial, refletindo ao longo dos vários capítulos a índole bifronte do cabo-verdiano: emigrar para a *terralonge* (São Tomé) e/ou tornar-se paradigma da resistência. Cada um escolherá livremente entre *partir* e *ficar*, inseparáveis na coexistência dinâmica do cabo-verdiano, sempre oscilante em sua *hora di bai*.

Venância, protótipo da *morabeza* da mulher cabo-verdiana, teria chegado ao fim de sua jornada, certamente venturosa, porque lograra "pesar pequenos nadas, insignificância do convívio, simples gestos, modos, canções, poesia da vida – grandeza da vida, afinal", porque ali, na sua terra *nhanhida*, onde as coisas se sucedem "na quietação do perfeito entendimento", soubera encontrar o seu caminho[16].

---

15. *Sabe*: termo crioulo que significa saboroso, que sabe bem, agradável.
16. Estas citações são de Manuel Ferreira, a respeito do homem cabo-verdiano que, julgamos, se aplica a Venância: *Aventura Crioula*, 2. ed., Lisboa, Plátano, 1973, pp. 314 e 315.

O romance de Manuel Ferreira acaba por não significar a prevalência do *partir* sobre o *ficar*, nem deste sobre aquele. Significa, sim, *partir* e *ficar*, interseccionados como dois pólos a se desdobrarem num processo dialético de interpenetração contínua, resultado de duas culturas que ali redundaram no homem/universo novo.

6

Morna — Expressão do Lirismo Cabo-Verdiano*

> *O Cabo-Verdiano tem na morna o expoente máximo da sua sensibilidade. Através dela o crïoulo exprime a saudade do que deixou, do que não viveu, do que desejaria ter vivido e ainda de tudo o mais quanto nos estratos profundos de seu subconsciente se agita e desencadeia, em torrente lírica.*
>
> Manuel Ferreira

Tríptico completo, poesia, música e dança de Cabo Verde, a morna reflete a *morabeza*[1], o sonho e o sofrimento contido do seu povo, diante de suas adversidades:

Canto que evoca
coisas distantes
que só existem

---

* Texto inédito.
1. Para Baltasar Lopes *morabeza* designa, ao mesmo tempo, a graça *branda* da *krexêu* (cf. nota 8), a hospitalidade amável da dona de casa e a solicitude carinhosa do amigo, que, mesmo a distância, se faz lembrar por coisas de nada que cativam, que *amarram curto*. Amarrar tem o sentido de cativar uma pessoa com gentilezas ou deferências; em São Vicente emprega-se, principalmente, a expressão *amarrar curto*. (*O Dialecto de Crioulo de Cabo Verde*, Lisboa, Imprensa Nacional-Casa da Moeda, 1984, p. 208).

além
do pensamento,
e deixam vagos instantes
de nostalgia,
num impreciso tormento
dentro
das nossas almas...
[...]

("*A Morna*", *Arquipélago*, Jorge Barbosa)

Segundo Baltasar Lopes, o termo morna resulta da substantivação da forma feminina do adjetivo *mórna*, tendo como derivados o verbo *mornâ* (*mornar*, isto é, *dançar a morna*), e deste o substantivo e adjetivos *mornadôr* e *murnista* (*mornista*)[2].

Sua gênese perde-se no tempo em que se dá o processo de aculturação[3]. Há opiniões divergentes quanto à sua origem. Gilberto Freyre julga ser a morna de origem das Antilhas. Isto se explica, talvez, porque Archibald Lyall considera ser a palavra morna originária de *mornes*, canções nostálgicas dos mestiços franceses da Martinica.

Para o cabo-verdiano Eugênio Tavares, a origem da morna estaria na ilha de Boa Vista, dali passando para outras ilhas. Mas, segundo Félix Monteiro, a morna originária da Boa Vista tem um ritmo mais movimentado, assemelhando-se à coladeira, dança e canto típicos de Cabo Verde.

Fausto Duarte viu semelhança entre a morna e a "vibração de certas modinhas ingênuas de caboclos do Brasil", opinião reforçada pelo folclorista brasileiro Osvaldo de Sousa. A propósito da modinha, o nosso Mário de Andrade nota que é necessário considerar a reciprocidade de influências. O Brasil deu musicalmente

---

2. *Idem*, p. 323.
3. O processo de aculturação em Cabo Verde consiste numa contribuição da cultura africana que tenta sobreviver ou diluir-se e da cultura européia que melhor se impõe e generaliza, tendo em vista sua maior resistência, segundo os animadores de *Claridade* e outros autores (*apud* Mário Andrade, *Antologia Temática da Poesia Africana*, Lisboa, Sá da Costa, 1975, p. 5).

muito a Portugal, inclusive o fado. "Provavelmente lhe demos a modinha também", diz ele. E acrescenta que a modinha brasileira, como era chamada em Portugal, preferida de viajantes como de reinós, alcançou muito sucesso em Portugal[4]. A musicóloga Oneida Alvarenga observa ser a modinha brasileira de origem estrangeira, aqui aculturada. Acrescenta ser música de recursos simples ou mesmo rudimentares, já conhecida da corte de Lisboa em 1775[5]. Nesta simplicidade assemelha-se à morna.

Sabe-se que no século XIX a morna já era cantada e dançada no Arquipélago. E por seu caráter dolente e nostálgico, é possível que tenha recebido alguma influência dos lamentos árabes marroquinos. Ou, então, segundo Luís Romano, teria sido "gerada pela melancolia que humanamente prevaleceu nos núcleos dos primeiros elementos, que chegaram do Reino"[6].

Enfim, melhor dizer como Manuel Ferreira que o problema essencial em relação à morna não será o das origens, mas

fundamentalmente tudo quanto ela significa de riqueza expressiva de um grupo étnico que, de uma ou de outra maneira, soube criar um tipo de expressão musical singularíssimo que, disso já não temos dúvidas, o caracteriza, o identifica, o enobrece[7].

A morna autêntica não aceita instrumentos de percussão, sendo cantada em conjunto, ou ao som da rabeca e da viola. Modernamente, porém, também é cantada ao som do violão e do cavaquinho, e de outros instrumentos, como o piano, a clarineta, a flauta e o saxofone. Compõe-se de versos de 4, 5, 6 e 7 sílabas, bem ao gosto popular e as mais recentes possuem também versos de 8 sílabas.

Vinculadas ao cancioneiro popular, há um grande número de mornas anônimas, enquanto outras têm como autores troveiros

4. *Pequena História da Música*, 4. ed., São Paulo, Martins, 1953, p. 185.
5. *Música Popular Brasileira*, Rio de Janeiro, Globo, 1960, pp. 217-218.
6. "Cabo Verde – Renascença de uma Civilização no Atlântico Médio", *Ocidente*, Lisboa, LXXIII (353), 1967, p. 144.
7. *Aventura Crioula*, 2. ed. aumentada, Lisboa, Plátano, 1973, p. 208.

bastante conhecidos e prestigiados pelo povo, como Bélèza (Xavier da Cruz) e Eugênio Tavares. Os temas versam sobre o amor, o ciúme, a gratidão, a partida, etc., retratando a face romântica do cabo-verdiano. Diz-se que a morna é canção da saudade e do *crechéu*[8].

Eugênio Tavares (1867-1930), Nhô Eugênio como era conhecido, natural da ilha da Brava, tem sido considerado o maior poeta de expressão crioula. Autêntico poeta-músico, sintonizado com o sentimento nostálgico de seu povo, suas canções estão publicadas em *Mornas – Cantigas Crioulas* (edição póstuma de 1932).

A morna *Brada-Maria*, originária da ilha de Boa Vista, segundo Eugênio Tavares, seria a morna conhecida mais antiga do Arquipélago. Conta a história de uma jovem "desviada de seus deveres", que, após ter sido abandonada, grita a sua dor pelos desvãos da madrugada. Um velho sacristão recolhe-a, chora com ela, e depois a conduz ao lar, onde é recebida de braços abertos pela mãe.

Outra morna muito antiga e, igualmente, de Boa Vista é *Dondon ti Jon Grande*. De música suave e melodiosa, canta as peripécias de Ti Jon, denunciado pelo badalar do relógio, que roubara de um barco encalhado.

Hora de Bai, morna de Eugênio Tavares, integra-se na alma coletiva do cabo-verdiano, como expressão da hora de despedida para a *terra-longe*, momento em que se interrompem as relações do ilhéu com seu meio natal. Confiram-se as duas primeiras estrofes:

Hora de bai,	Hora da partida,
Hora de dor,	Hora de dor
Já'n q'ré	É meu desejo
Pa el ca manchê!	Que ela não amanheça! [não chegue a hora]
De cada bêz	De cada vez
Que 'n ta lembrâ,	Que a lembro,
Ma'n q'ré	Prefiro
Ficâ 'n morrê!	Ficar e morrer!.

8. *Crechéu*: de *krê* (querer) e *xêu* (de *cheo*, arcaico); o substantivo *krexêu*, querer muito, designa tanto a pessoa amada como o próprio sentimento amoroso (Baltasar Lopes, *idem*, pp. 208 e 351).

Hora de bai,	Hora da partida,
Hora de dor!	Hora de dor!
Amor,	Amor,
Dixa'n chorâ!	Deixa-me chorar!
Corpo catibo,	Corpo cativo,
Bá bo que é escrabo!	Vai tu que és escravo!
Ó alma bibo,	Oh alma viva,
Quem que al lebabo?	Quem te há-de levar?[9]
[...]	

Como solução catártica de um povo sofrido, a morna faculta a liberação dos sonhos. Não trata, porém, dos problemas de classe. Expressando os acontecimentos do dia-a-dia, é nos bailes que atinge a sua maior expressão, como mensageira do *crechéu*, da *morabeza* e da saudade. Os pares enlaçam-se com ternura, deixam-se embalar pelo "compasso melódico e leve da vida e do soluçar baixo do violão", enquanto a rabeca continua gemendo.

Seguem-se dois fragmentos das mornas *Miridelâide*, de autor desconhecido, e *Serafim Nhô Jõ*[10], cantadas por Augusto Tavares e grafadas por Clovaldo de Souza:

MIRIDELÂIDE	MARIA ADELAIDE
Olá ta bem quel vapôr	Ei-lo a vir, aquele vapor
Que te trezê vé ma grinalda	Que está a trazer véu mais grinalda
Pe csèmênto de Nha Mridelâide	Para o casamento da Sra. Maria Adelaide
I de Nhô Tchítche Barbosa	E do Sr. Chico Barbosa
Nhô Tchítche Barbosa te lêvá grinalda	O Sr. Chico Barbosa leva a grinalda
Nha Mridelâide te lêvá vé!...	A Sra. Maria Adelaide leva o véu!...

---

9. Manuel Ferreira, *No Reino de Caliban*, Lisboa, Seara Nova, vol. I, 1975, p. 296.
10. Ambas estão gravadas pelo musicólogo brasileiro Osvaldo de Sousa, autoridade em música folclórica. *Apud* Luís Romano, "Cabo Verde – Renascença de uma Civilização no Atlântico Médio", *Ocidente*, Lisboa, LXXIII (353), 1967, pp. 138-144.

S'RAFIM NHÔ JÔ

Ò môço S'rafim de Nhô Jô
Bô ca tem dnhêr
Pa bô comprá tabóc
Quant'a más pa bô pó

Repariga de sapóte na pê!

SERAFIM DO SR. JOÃO

Ó moço, Serafim do Senhor João
Tu não tens dinheiro
Para comprar tabaco
Quanto mais para (sustentares)
                              pores
Raparigas de sapato nos pés!

7

Aculturação Lingüística em Luandino Vieira*

> Os brasileiros incorporaram nas suas obras os elementos "primitivos" e atávicos do substrato ameríndio e africano; o uso que Luandino fez do kimbundo apresenta um significado sociolingüístico ainda maior, tendo em conta os problemas imediatos que caracterizam o nacionalismo angolano.
>
> RUSSELL G. HAMILTON

A política de assimilação em Angola, instituída no século XIX, vinha conduzindo a burguesia preta e mulata a absorver aspectos da cultura portuguesa. A aprendizagem da língua da Metrópole, tanto escrita como falada, fora um dos principais requisitos, talvez o principal, desenvolvido pela política colonialista, não só em Angola, como também nas outras então colônias africanas.

A guerra pela independência, na segunda metade do século XX, teve como preocupação buscar, em seu contexto inicial, a identidade cultural de Angola, tornando-se a literatura um dos principais veículos de tal procura: palavras e frases das línguas africanas passam a fazer parte de poemas de Agostinho Neto,

---

* XIX Congresso Nacional de Línguas Vivas, UFPE, Recife, 1997.

Viriato da Cruz, António Jacinto, com a clara intenção de dar-lhes maior autenticidade.

A contribuição maior, porém, será no discurso narrativo ao conduzir o leitor a melhor observar a língua em seu processo ideológico. É o que pretendemos ver em Luandino Vieira, pelo entrosamento do português, veículo fundamental da cultura angolana, com o quimbundo[1], produzindo o que Irwin Stern chama de "terceiro registo"[2]. Ouçamo-lo:

> O português é a língua dominante e bem estabelecida das figuras "coloniais" – os administradores portugueses, os comerciantes dos *musseques*, os patrões. A língua do povo dos *musseques*, nas suas conversas, nos seus apartes e nos seus contos, é o kimbundu. Quando estes dois grupos sociais entram em contacto, em contacto entram igualmente as respectivas línguas, e o resultado é ainda o de um terceiro registo de comunicação que implica mudança de código e outras relações lingüísticas entre as duas línguas[3].

As narrativas de Luandino Vieira[4], um dos principais prosadores angolanos da atualidade, têm como tema principalmente a vida dos *musseques*[5], oferecendo vasto campo para o estudo literá-

---

1. A língua portuguesa, que é a língua oficial, predomina nas áreas urbanas; no interior predominam as línguas nativas, que pertencem à família banto e que constituem as línguas maternas de uma parte da população. Por sua vez, por ser um dos fatores da unificação de Angola, a língua portuguesa foi definida com o estatuto de língua comum entre os falantes das várias línguas nacionais (Irene Marques, *Actas do Congresso sobre a Situação Actual da Língua Portuguesa no Mundo*, Lisboa, Icalpe, 1985, pp. 206 e 213).
2. Irwin Stern utiliza a expressão *registo* como "variação lingüística realizada com um determinado fim".
3. Irwin Stern, "A Novelística de Luandino Vieira: Descolonização ao Nível do Terceiro Registro", em Michel Laban e outros, *Luandino – José Luandino Vieira e a sua Obra* (estudos, testemunhos, entrevistas), Lisboa, Edições 70 [1980] p. 194.
4. Luandino, cujo pseudônimo já revela sua preocupação pela linguagem, nasceu em Portugal, mas viveu em Angola desde os três anos de idade. Passou sua infância em Braga, um dos *musseques* de Luanda. Suas histórias, geralmente, privilegiam os *musseques* como espaço físico e humano.
5. *Musseques*: antigos bairros populares, urbanos ou suburbanos; os bairros de Luanda foram crescendo em número e pobreza, e o povo os chamou de

rio do fenômeno de aculturação lingüística. Em nossa análise do conto *Estória da Galinha e do Ovo*[6], pretendemos mostrar que, pela transgressão da norma lingüística, a língua portuguesa se revela *descolonizada*, na medida em que reflete situações do quotidiano dos *musseques*.

Um ano após a 1ª edição de *Luuanda*, o Autor recebeu o prêmio literário angolano Mota Veiga. Sua mulher, Ermelinda Graça, publica novamente a obra (Luandino ainda estava na prisão), visando ao prêmio de Novelística da Sociedade Portuguesa de Escritores. Em 20 de maio de 1965, quando lhe seria entregue o novo prêmio, o *Diário de Notícias* de Lisboa publica um telegrama da Agência Nacional de Informações, declarando ser Luandino Vieira pseudônimo de José Vieira Mateus da Graça, condenado a 14 anos de prisão por crimes de terrorismo. O prêmio foi cancelado, a SPE dissolvida e depredada. Seu presidente, Jacinto do Prado Coelho, e outros membros, no entanto, solidarizaram-se com o júri, resistindo às investidas do governo de Salazar.

O tema da *Estória da Galinha e do Ovo* consiste na disputa pelos moradores do *musseque* Sambinzanga de um ovo que a galinha Cabíri tinha posto no quintal da vizinha. Nga Zefa, mãe do *monandengue* (criança) Beto, é a dona da galinha. Bina, moça nova, está grávida e reclama o ovo, porque a galinha o pôs em seu quintal. Vavó Bebeca intervém na disputa, assumindo função moderadora. Outras personagens também procuram resolver a questão, mas com proveito.

Considerando a galinha como personagem nuclear, podemos entender que a disputa do ovo revela o oportunismo do colonizador. Mas se estabelecermos comparação com a criança que Bina

musseques, que originalmente designavam a areia vermelha do terreno onde se localizavam. Assemelhavam-se às novas favelas.
6. *Luuanda*, São Paulo, Ática, 1982. As citações que faremos serão tiradas desta edição. *Luuanda*, além do texto citado, possui mais duas estórias: *Vavó Xixi e seu Neto Zeca Santos*; e *Estória do Ladrão e do Papagaio*. Foram escritas no Pavilhão Prisional da PIDE e nas masmorras da Primeira Esquadra da P.S.P.A, em Luanda, em 1963. A 1ª edição é de 1964. Outras publicações de 1972, 1974, 1976, pelas Edições 70, e de 1982, pela Ática do Brasil, revelam o sucesso que o livro tem obtido.

espera e o ovo, podemos entender, simbolicamente, que uma nova Angola também está em gestação. Confira-se um dos fragmentos do texto:

> Diante de toda a gente e nos olhos admirados e monandengues de miúdo Xico, a barriga redonda e rija de nga Bina, debaixo do vestido, parecia um ovo grande... (p. 123).

Utilizando-se de uma sintaxe com vácuos no sistema relacional e de um léxico do quimbundo, Luandino desempenha papel importante no âmbito do regionalismo, reivindicando uma autonomia lingüística para a terra escolhida. Assim, podemos dizer que expressões e construções sintáticas destacam a linguagem dos *musseques* como linguagem de compromisso, em razão dos desvios à norma literária do português europeu.

A estrutura da frase apresenta-se, por vezes, despojada de elementos de coesão, ora desvendando a fala dos interlocutores, ora o discurso do narrador, numa subversão à sintaxe regular do português padrão.

Confira-se a eliminação da preposição *a* em locuções verbais com infinitivo:

> [...] adiantaram pelejar.
> [...] estava voltar do serviço.
> Está ensinar a galinha a pôr lá! (p. 100).
>
> [...] na porta da cubata onde estava sair essa comida; depois começava apanhar grão a grão [...] (p. 101).

Uma particularidade na construção das orações subordinadas é a queda da conjunção *que*, fenômeno que também se nota no português de Cabo Verde e Moçambique:

> [...] parecia tinha-lhe posto feitiço (p. 100).
> [...] e falou a Cabíri estava presa debaixo dum cesto [...] (p. 101).
> – Mas então, Bina, você queria mesmo a galinha ia te pôr um ovo? (p. 104).

Sintaxe *cangurística*, instalando-se um *vácuo relacional*, o que leva o pensamento a progredir por saltos, visando a um maior ritmo e a uma economia de meios, segundo Sálvato Trigo[7].

A preposição *em* é empregada com verbos de movimento. Irene Guerra Marques explica que tal se dá em Angola por causa da interferência das línguas banto, que usam o prefixo locativo *ku*, a significar *em*, mas empregado com verbos de movimento tem também o significado de *para*. No quimbundo se diz: *mwene wamuia ku bata* (ele vai em casa); *mwene wala ku bata* (ele está em casa). Tal construção, no entanto, também ocorre em Cabo Verde, Moçambique e aqui no Brasil, onde não se justificam tais interferências, como Irene Marques observa[8]. Confiram-se os exemplos do texto de Luandino:

[...] e quando vieram no quintal de mamã Bina [...] (p. 100).
Vieste na minha casa, entraste no meu quintal, quiseste pelejar mesmo! (p. 102).
Depois, desculpando, virou outra vez nas pessoas e falou [...] (p. 103).

A generalização do emprego da preposição *em* devido a uma sonoridade mais forte, tornando-a mais perceptível do que a preposição *a*, é como justifica Eberhard Gärtner[9].

A propósito da concordância irregular, registramos exemplos em discurso direto:

— Você pensa eu não te conheço, Bina? Pensas? Com essa cara assim, pareces és uma sonsa, mas a gente sabe!... Ladrona é o que você é! (p. 102).
Zefa gritou-lhe quando ele entrou outra vez na loja, a rir, satisfeito:
— Sukuama! Já viram? Não chega o que você roubaste no peso [...] (p. 107).

---

7. "O Texto de Luandino Vieira", em Michel Laban e outros, *op. cit.*, p. 241.
8. *Actas do Congresso sobre a Situação Actual da Língua Portuguesa no Mundo*, *op. cit.*, pp. 221-222.
9. "Particularidades Morfossintáticas de Angola e Moçambique", *Confluência*, Rio de Janeiro, Liceu Literário, n. 12, 1996, pp. 27-58.

Mas na fala do seminarista, menino esperto, que devia completar os estudos em Roma, não se registram desvios de concordância, ainda que ele use a 2ª pessoa do plural. Recorde-se que a aprendizagem da língua portuguesa constituía um dos principais requisitos para a aceitação na sociedade local:

– Vós tentais-me com a lisonja! E, como Jesus Cristo aos escribas, eu vos digo: não me tenteis! E peço-vos que me mostrem o ovo, como Ele pediu a moeda... (p. 109).

Observamos também a omissão do artigo, no texto de Luandino, o que é freqüente na linguagem dos *musseques*. Não se trata, porém, de um fenômeno exclusivo de Angola, pois no crioulo de Cabo Verde não há artigo definido. Confiram-se exemplos em Luandino:

Agora ovo é meu, ovo é meu! (p. 103).
Mas Bina também tem razão dela: ovo foi posto no quintal dela. Galinha comia milho dela... (p. 105).

O verbo *ter*, à semelhança do *haver*, é usado correntemente como impessoal, construção também do português popular do Brasil:

[...] parecia mesmo não tinha mais bicho ali no quintal para disputar os milhos com ela (p. 101).

Assinalam-se ocorrências do *lheísmo*, próprio da linguagem coloquial de certas classes sociais, neutralizando-se as oposições dos pronomes oblíquos de 3ª pessoa como objeto direto e indireto:

Por isso, todos os dias Zefa vigiava embora sua galinha, via-lhe avançar pela areia [...] (p. 100).
[...] e ninguém que lhe soltava mais, com a confusão (p. 104).
A galinha gorda come o meu milho e o ovo você é que lhe comia?... (p. 104).
– Fala ainda que você via-lhe todos os dias pôr milho [...] (p. 106).

Tal construção está tão vulgarizada que Irene Marques julga já ser marca do português de Angola[10].

Quanto à anteposição do pronome átono à forma verbal, Luandino afirma, em entrevista a Michel Laban[11], que há relação com o quimbundo. Confira-se exemplo no conto que ora analisamos:

— Ih?! Te roubar a Cabíri e o ovo? (p. 102).

Lembramos que no Brasil esta colocação é comum na linguagem coloquial. Celso Cunha justifica que em Portugal esses pronomes são enclíticos por se tornarem extremamente átonos, devido à vogal ensurdecida. No Brasil, embora sejam chamados átonos, são pronomes, de fato, semitônicos, o que deve também ocorrer em Angola.

Um dos processos sintáticos de Luandino está na adição de certos termos (*embora, ainda*) que, além de não serem exigidos sintaticamente, não fazem parte da decodificação semântica do texto. Exemplificando:

Por isso, todos os dias, Zefa vigiava embora sua galinha [...] (p. 100).
[...] nga Bina e outras que tinham ficado ainda [..] (p. 121).

O emprego de certos advérbios como substantivos é outra particularidade da sintaxe de Luandino, típica de Angola:

— Vamos, Beto! Com depressa! (p. 121).

Não foi nossa intenção focalizar o aspecto sociopolítico desta estória de Luandino, mas mostrar a preocupação do escritor que, já na década de 1960, buscava descolonizar a linguagem, refletindo situações do quotidiano do *musseque* Sambinzanga. Quando a escreveu, em 1963, teria sido uma atitude inovadora, consideran-

---

10. *Idem*, p. 222.
11. Michel Laban, *idem*, p. 60.

do-se a norma literária do português europeu. Ao reproduzir o linguajar dos *musseques*, Luandino estaria, já naquela altura, buscando a identidade cultural de Angola, numa intenção de melhor construir o seu universo.

Não foi sem razão que vários críticos louvaram a publicação de *Luuanda*, pouco depois da sua publicação. Dentre eles, Alexandre Pinheiro Torres chamou a atenção para

> o estilo que resulta da sapiente fusão de regionalismos e latinismos (da mesma forma que Guimarães Rosa), o estilo que deriva da mesma linguagem onde as tropelias fonéticas, sintácticas e semânticas sofridas pelo português em contacto com os linguajares tradicionais autóctones são apropriadas de maneira superior para a obtenção de uma escrita que, durante a "leitura", me foi, quase sempre, motivo de admirada e deleitada surpresa[12].

Ao finalizar, lembramos a menção a Guimarães Rosa por Luandino, em sua já citada entrevista a Michel Laban, realizada em 1977. Diz ele que leu *Grande Sertão: Veredas* em 1969, quando estava na cadeia. Confirmou-se o que aprendera em *Sagarana*, isto é:

> a liberdade para a construção do próprio instrumento lingüístico que a realidade esteja a exigir que seja necessário. E sobretudo a idéia de que este instrumento lingüístico não pode ser o registo naturalista de qualquer coisa que exista, mas que tem que ser no plano da criação. Portanto que o escritor pode, tem a liberdade, tem o direito de criar inclusivamente a ferramenta com que vai fazer a obra que quer fazer... Portanto, ensinou-me um sentido, que considero mais completo, da criação[13].

---

12. "Vida Literária e Artística", *Diário de Lisboa*, Lisboa, 14 jan. 1965. *Apud* Manuel Ferreira, em Michel Laban e outros, *op. cit.*, p. 109.
13. *Op. cit.*, p. 35.

8

O Sentimento da Angolanidade em Arnaldo Santos*

> *Quando a humanidade puder dispor aberta e universalmente do enorme repositório cultural conservado na consciência e na memória de todos os povos, puder desenvolvê-lo livremente, o diálogo será de paz e de felicidade. Estará definitivamente sepultada a ameaça da guerra e da destruição.*
>
> COSTA ANDRADE

Os primeiros sinais de angolanidade sobressaem-se na atividade jornalística, datando dos meados do século XIX. Órgão pioneiro, o *Boletim Oficial* (1845) dinamiza a cultura, sobretudo a de Luanda, com relatos de viagem, colaboração ensaística e literária, a par também de assuntos de natureza governamental. *Aurora*, a primeira revista literária da África Negra, e o semanário *A Civilização da África Portuguesa*, ambos de 1856, enquadram-se nos moldes do *Boletim Oficial*.

Merecem menção, pelas manifestações regionais, o *Almanaque de Lembranças Luso-brasileiras*, publicado de 1851 até 1932, e *O Eco de Angola* (1881), este de autoria de negros e, pela primeira

---

* Simpósio Internacional sobre Cultura Angolana, Universidade do Porto – Porto, 1989.

vez, com textos em quimbundo. Também vale citar Alfredo Troni, que, impulsionado pelo espírito de liberalismo, funda e dirige o *Jornal de Luanda, Mukuarini* e *Os Concelhos de Leste*. Troni marcou presença, principalmente, com *Nga Muturi* (Senhora Viúva), publicado em folhetins na imprensa de Lisboa em 1882, a primeira novela angolana[1]. Ainda, Joaquim Dias Cordeiro da Mata, colaborador do *Almanaque de Lembranças Luso-brasileiras*, autor de um *Dicionário de Quimbundo-português* e dos poemas *Delírios* (1887). Estes contêm algumas expectativas do homem negro, que culminarão no século XX no movimento da negritude. Confira-se este fragmento do poema *Negra*:

> Negra! Negra! Como a noite
> d' uma horrível tempestade,
> mas, linda, mimosa e bela,
> como a mais gentil beldade!
> Negra! Negra! Como a asa
> do corvo mais negro e escuro,
> mas, tendo, nos claros olhos,
> o olhar mais límpido e puro![2]

Já no fim do século XIX, a Associação Literária Angolense (1896), com objetivos de integrar o negro na cultura urbana, congrega, em Luanda, alguns nomes em evidência no jornalismo. Destaca-se Augusto Silvério Ferreira, que, pelo jornal *A Juventude Literária*, procura desenvolver um programa de educação do povo angolano, ainda que fosse um programa com muito utopismo.

Assim, pouco a pouco, vai tomando vulto uma expressão de angolanidade, uma das dimensões de consciência nacional, que adquire maior consistência a partir dos escritores Assis Jr. e Castro Soromenho, em especial. O primeiro por *O Segredo da Morta – Romance de Costumes Angolenses*, publicado em 1929 nos folhetins do jornal *A Vanguarda*, de Luanda. Enfatizado pela crítica como

---

1. Foi primeiramente publicada em capítulos no *Diário da Manhã*.
2. *Almanaque de Lembranças*, 1884, *apud* Manuel Ferreira, *No Reino de Caliban II*, Lisboa, Seara Nova, 1976, p. 34.

um romance de *forte angolanidade*, provérbios, adivinhas e personagens, em cujas falas o quimbundo convive ao lado do português, formam um grande painel da tradição angolana.

A angolanidade de Castro Soromenho é construída desde os seus dezessete anos, quando o autor se adentra pelo sertão, ora como funcionário do governo, ora como funcionário de uma mineração. Lá permanece por dez longos anos. A partir de então, este moçambicano de nascimento pôde ir formando uma atitude de adesão aos negros oprimidos, atitude que conservou durante toda sua vida. Bem o demonstra *Terra Morta* (1949), com histórias de mulheres negras e mulatas, vítimas da luxúria do homem branco.

Será a partir dos anos 30 do século XX que os valores do patrimônio cultural do mundo negro começarão a tomar vulto. O movimento da *negritude*, pelo qual respondem diretamente Aimé Césaire, Léopold Senghor e Léon Damas, vai mostrar mais objetivamente o empenho de o homem negro reencontrar a identidade perdida ao longo da colonização.

Para recuperar suas raízes, no entanto, será necessário devolver-lhe a capacidade de assumir sua própria dimensão. Neste clima surge em Luanda, em 1948, o movimento "Vamos descobrir Angola", "convida que os jovens a redescobri-la, através de um trabalho coletivo e organizado, cabendo a Viriato da Cruz o mérito da formulação teórica e estética do movimento. A partir daí, Luanda, principalmente, toma-se de uma dinâmica cultural bastante intensa, incentivada pelo Movimento dos Novos Poetas de Angola, pela revista *Mensagem*, como também pelos novos projetos de alfabetização das massas.

Ao lado deste desejo coletivo persiste a tendência de o colonizado assimilar a cultura européia, alienando-se dos valores da cultura africana. É neste contexto ambivalente que se inserem algumas narrativas do mestiço angolano Arnaldo Santos[3]. Trataremos de

---

3. Arnaldo Moreira dos Santos (1936), nascido em Luanda, poeta e contista.

duas delas em especial: *A Menina Vitória* e *Núpcias Adiadas*[4]. Servirão de parâmetros para nossa análise os elementos lingüísticos denotadores da oposição branco/negro: João a reivindicar-se como negro; Vitória a rejeitar suas raízes. Observa-se, nestes contos, que as contradições sociais e raciais se avivam criticamente e as estruturas lingüísticas se vão enriquecendo em nível de angolanidade.

Como mecanismo estrutural, o Autor utiliza-se das formas de enunciado com objetivos de conduzir o leitor a entender e melhor interpretar a vivência de suas figuras no Kinaxixe, bairro de Luanda. Confira-se em *Núpcias Adiadas* o seguinte fragmento:

> Também os amigos dele, aos domingos, debaixo da mulembeira[5] e entre uma ou outra jogada de sueca, comentavam as incorreções do Gigi. E sibilavam (alguns eram da Beira Alta), lamentando que a pronúncia do garoto se estragava, que era preciso afastá-lo da companhia dos criados e dos colegas dos musseques[6] (p. 32).

O predomínio da 3ª pessoa gramatical denuncia a figura do narrador que, consciente da realidade, assume a narrativa objetiva e discretamente, sumariando os acontecimentos que darão margem à sua história. As unidades lingüísticas, ao representarem o discurso na sua forma indireta, assinalam distanciamento, traço do relato de caráter informativo e impessoal. As formas do imperfeito gramatical, por sua vez, fazem ver sucessivamente os diversos momentos da ação que, à semelhança de um panorama em movimento, se desenrolam diante do leitor. Será o presente no passado, passado que não se conclui.

Outras vezes o narrador procura construir uma conexão entre seu discurso pessoal e a oralidade da personagem, assumindo a palavra em discurso direto ou em discurso indireto livre. O caráter funcional, que tais procedimentos formais adquirem, passa a

---

4. Estas narrativas fazem parte do livro *Kinaxixe e Outras Prosas*, São Paulo, Ática, 1981, pp. 32-37 e 126-131.
5. *Mulembeira*: árvore de copa volumosa.
6. Musseque: antigo bairro de tipo popular, urbano ou suburbano; atualmente assemelha-se à favela.

ser relevante, na medida em que os mesmos servem como expressão dos elementos da estrutura literária. A fala de João servirá de exemplo:

— Amanhece na tua tanga... dizem os jisabu[7]. E aqui, sabes... a praia é nossa, o mar é nosso, a lua é nossa... Vamo-nos amar ao luar numa canoa da ilha. Lembras-te do velho dongo[8] do velho Congo. Ximbicarei[9] na baía, onde se refletem todas as luzes dos arranha-céus, e o nosso filho, gerado nessas horas de contemplação, nascerá como um muzueledi[10] com os olhos cheios dos nossos sonhos frustrados... (p. 131).

João, nesta fala final de *Núpcias Adiadas*, auto-revela-se pelo que diz e como diz, deixando entrever sua tomada de consciência por suas raízes. Configura-se o mundo angolano tal como deve ser, no momento em que o emissor assume o relato, revelando-se à namorada de forma adequada à sua condição. E, impregnando-se da palavra oral, sustenta um compromisso com o quimbundo, que já se estabelecera literariamente desde *O Segredo da Morta*, romance de Assis Jr. Arnaldo Santos torna-se, assim, permeável aos valores específicos africanos, em nível de léxico, pois, segundo Celso Cunha e Lindley Cintra, as variantes lingüísticas regionais estruturam-se de acordo com as necessidades de seus falantes[11]. À força centrípeta de conservação da língua contrapõe-se a força centrífuga de inovação.

A estrutura do discurso direto marca-se também pelas unidades gramaticais de natureza dêitica, correlatos de situação, funcionando como signos indiciais, por sua relação existencial com o processo de enunciação. Como a situação local em que ocorrem os diálogos e a seqüência verbal das enunciações lingüísticas influi no processo de estruturação sintática das frases, substituindo

---

7. *Jisabu*: provérbio.
8. *Dongo*: canoa estreita e comprida, escavada em tronco de mafumeira.
9. *Ximbicar*: remar espetando a vara no fundo da água.
10. *Muzueledi*: (de muzokeledi) defensor, advogado.
11. *Nova Gramática do Português Contemporâneo*, Rio de Janeiro, Nova Fronteira, 1985, p. 3.

elementos lingüísticos, o resultado é termos, por vezes, estruturas truncadas, fragmentos de frases. São as chamadas *frases de situação* ou *frases de contexto*, em que as mesmas se sustentam no desenvolvimento seqüencial do diálogo:

> "Não tivemos ainda tempo de retirar os escritos... outros afazeres..." ou "Ah! Sim o anúncio... Mas antes disso apareceram umas pessoas amigas interessadas e, claro, aproveitamos... Percebe?" (p. 128).

O escritor individualiza-se claramente porque em toda forma literária existe a escolha de um tom, de um *ethos*. Os tempos verbais localizam os acontecimentos num desejado futuro em liberdade, com referência ao presente da interlocução. O recurso de apelo da 1ª pessoa do plural, convite ao interlocutor, igualmente com valor de futuro, destaca a subjetividade da mensagem.

Insultado, avassalado por tantos quantos lhe negaram alugar uma casa, João reivindica-se como negro:

> Você não me tome por parvo! É melhor dizer de frente... Vocês o que não querem é alugar as vossas casas a negros. Não enganam ninguém. É melhor dizer de uma vez para sempre... (p. 128).

E na fala final, João conclama a namorada a estenderem a negritude ao filho que há de vir ao mundo tal como eles. O filho que será um *muzueledi*, um defensor das causa justas dos negros.

Em *A Menina Vitória*, a professora, "uma mulatinha fresca e muito empoada, que tinha tirado o curso na Metrópole", terá outro procedimento em sua fala. Quando se dirige a Gigi, um dos alunos da 3ª classe que fora transferido da Escola 8 para o colégio Pucha Beatas, compara-o, com desprezo, ao Matoso, menino que, por ser muito escuro, é chamado de cafuzo.

> "Pareces o Matoso a falar...", "Sujas a bata como o Matoso...", "Cheiras a Matoso..." (p. 33).

Nesses momentos, Matoso grudava-se à carteira, *transido* por aqueles comentários tão impiedosos da professora. Matoso tinha sido transferido também da Escola 8, e a professora nem no dia da apresentação do menino deixou de aludir "à sua bata de brim grosso".

Exigindo que seus alunos sigam a norma da Metrópole, a da *prosa certinha*, Vitória marginaliza os alunos que se utilizam de um português *quimbundizado*:

"Muxixeiro na redação... que coisa é esta...!?" – alarmava-se a menina Vitória, considerando o neologismo inferior (p. 34).

Os alunos deviam adaptar-se aos modelos propostos pela escola, que, coatora, reflete a ideologia do colonizador. Ali não deveria haver *muxixeiro*, embora o haja no Kinaxixe:

"Cada vez pior...!" – rezingava a menina Vitória, que não se compadecia com os enganos. E continuava a erguer à volta do Matoso, implacavelmente, um círculo intransponível de desprezo, onde ele já não se debatia, nem chorava (p. 35).

Como se observa, o verbo declarativo extrapola a simples representação da fala, para expressar também o azedume de Vitória.

Gigi, temendo sempre a represália da professora, pensa afastar-se do Matoso e deseja ser como os companheiros da 3ª classe, afastando-se também dos da 4ª classe, seus companheiros de vadiação do Kinaxixe. Mas ele, filho de D. Angelina, uma mulata de princípios, não pode entender por qual razão a professora quer sempre humilhá-lo: "Ela que tinha carapinha. Ela que era filha de uma negra".

Sua fala, no entanto, está camuflada, numa espécie de diálogo interior. É como se houvesse duas personagens: a primeira seguindo o modelo proposto pela escola; a segunda, querendo conservar suas raízes. Índices explícitos da introversão de Gigi, os verbos de pensamento (*refletia, pensava, pensou*) foram o caminho encontrado para representar o seu mundo de dentro, a sua consciência. Deste, o menino não pode despegar-se.

Tenho que ser como eles, refletia no recreio [...] (p. 34).
Tenho que andar pouco com ele, pensava preocupado o Gigi (p. 35).
Ela que era filha de uma negra, pensou com furor (p. 37).

O mundo da rejeição marca-se principalmente pelas formas do discurso direto da professora, cuja força provém de sua capacidade de atualizar o episódio, tornando-o mais vivo. Mas tem como contraponto o mundo da adesão, mundo camuflado, que se marca essencialmente pelo discurso indireto livre do menino mestiço.

A voz do menino Gigi identifica-se com a de João (*Núpcias Adiadas*), no sentido de configurar o mundo angolano como deve ser, e mais, como deve ser assumido conscientemente. Vozes que sublinham o sentimento de angolanidade. Vozes que vêm de suas raízes mais profundas, para ressoar como as do poeta de São Tomé, Francisco José Tenreiro:

Mestiço!

Nasci do negro e do branco
E quem olhar para mim
É como se olhasse
Para um tabuleiro de xadrez:
A vista passando depressa
Fica baralhando cor
No olho alumbrado de quem me vê.
[...]
Mestiço!

Quando amo a branca
                    Sou branco...
Quando amo a negra
                    Sou negro

Pois é...

9

A *Fala* como Autodeterminação do Povo Angolano em Boaventura Cardoso*

> A língua portuguesa, é bom que se tenha esta meridiana noção de mudança tão significativa, deixa (deixou) de ser apenas a língua dos portugueses (e dos brasileiros) para ser também moçambicana, cabo-verdiana, angolana, guineense, são-tomense. De modo ininterrupto e criadoramente vai sujeitar-se aos mais imprevistos desvios, interferências, empréstimos, fenômenos de prosódia, com variações de acento, de entoação, de ritmo, sabe-se lá.
>
> MANUEL FERREIRA

Boaventura Cardoso, escritor angolano, nascido em Luanda em 1944, colaborou em jornais de Luanda e na revista *Angola*, da Liga Nacional Angolana. Escritor representativo da Geração 70, começou sua carreira literária com publicações de crônicas em diários de Luanda. Publicou os livros de contos: *Dizanga dia Muenhu* (A Lagoa da Vida, 1977), pelas Edições 70 *O Fogo da Fala: Exercícios de Estilo* em 1980 e *A Morte do Velho Kipacaça*, são seus romances: *O Sino do Fogo* (1992), *Maio, Mês de Maria* (1997) e *Mãe, Materno Mar* (2001).

---

* VII Encontro de Estudos Comparados de Literaturas de Língua Portuguesa – USP – 2002: "A *Fala* como Autodeterminação do Povo Angolano".

Em *Dizanga dia Muenhu*, diversas figuras do povo funcionam como sujeito da história. Meninos do musseque como engraxates, "empurrados desde cedo na vida dura", são ameaçados pelos fregueses. Outros, ainda adolescentes, colhem algodão, de sol a sol, debaixo dos chicotes do capataz. E a menina, registrada pelo padrinho com o estranho nome de Jeanne Marguerite, de volta de Bruxelas, já não se enquadra na vida dos seus, nem gostando mais da comida de Angola que a mãe lhe prepara com carinho. Nos 10 contos deste primeiro livro de Boaventura Cardoso, a presença da criança e do adolescente é marcante.

No livro de contos *O Fogo da Fala*[1], de que iremos tratar, título e subtítulo referem-se à escrita como processo, como texto em produção. O Autor acrescentou ao título um subtítulo (*Exercícios de Estilo*), reiterando o uso individual da língua que faz no ato da escrita, para realçar "novos horizontes expressivos" por um processo criativo. Os textos assumem "uma dimensão experimental", como *exercícios de estilo* que Boaventura Cardoso não os quer definitivos[2]. Desta forma, pretende não perder o contato com a língua viva, com as criações do falar do dia-a-dia angolano.

Elemento modificador do núcleo do sintagma do título, a *fala* introduz-se no interior do discurso de cada um dos contos, como parte dos diálogos e como elemento dinâmico da própria narração, em que se destaca a *situação* como é produzida. Também em *Dizanga dia Muenhu*, Boaventura Cardoso havia introduzido a *fala* como parte integrante do discurso narrativo, numa demanda do linguajar angolano, como se pode conferir no seguinte fragmento:

Ele ficava só em casa pôr olho nos três manos, cada qual tem pai dele, a mamã fazendo a vida[3].

---

1. *O Fogo da Fala: Exercícios de Estilo*, Lisboa, Edições 70 [s.d.]. Todas as citações referem-se a esta edição.
2. Confira-se "Prefácio", de Fernando Martinho, em *O Fogo da Fala*, p. 13.
3. "Meu toque!" em *Dizanga dia Muenhu*, Lisboa, Edições 70, [1977], p. 9.

Desde meados do século passado, a literatura angolana tinha como um de seus objetivos acentuar o regionalismo, tornando-se menos dependente lingüisticamente, construindo-se a partir da oralidade, numa reinvenção da escrita. Destacam-se, já naquela altura, os poetas Viriato da Cruz e António Jacinto, preocupados em descolonizar a linguagem. Aproximando-se da linguagem falada, criam novas normas lingüísticas, renacionalizando-se na linguagem escrita. Ouçamo-los:

[...]
Nas janelas muita gente:
Ai bô viaje
Adeujo homéé
[...]

ANTÓNIO JACINTO, *Castigo pró Comboio Malandro*

[...]
– Kuakié!...Makèzú, Makèzú...
– Antão, véia, hoje nada?
– Nada, mano Felisberto...
– Hoje os tempo tá mudado...

VIRIATO DA CRUZ, *Makèzú*

Posteriormente, Luandino Vieira, como diz Russel Hamilton, constrói suas narrativas, tendo como modelo fórmulas transformadas da oralidade. Basta citar os contos de *Luuanda*, de 1964[4].

Na esteira de Luandino Vieira, Boaventura Cardoso também procura estruturar sua linguagem com expressões e construções do dia-a-dia do povo, que se assumem em termos angolanos, subvertendo a escrita, reinventando-a, numa intenção de construir a diferença. Realidades locais afloram a cada momento, em referências onomásticas e culturais, numa constante preocupação de registrar a sua terra. Assim é que *mulembas* (árvores de seiva leito-

---

4. *Literatura Africana – Literatura Necessária – I – Angola*, Lisboa, Edições 70, 1975, p. 131.

sa), *garinas* (moças), *kandenques* (crianças), *monas kazules* (filhos últimos) povoam os sete contos de *O Fogo da Fala*.

Expressões concisas da conversação facilitam o contato entre emissor e interlocutor, traduzindo intenções do falar descompromissado quotidiano. Provêm das mais variadas situações criadas na conversação e, embora raras na linguagem escrita, conseguem atender ao ambiente que se cria pela presença do interlocutor e também atender à situação determinada pelos acontecimentos que são objeto do diálogo.

Para ressaltar o pontilhar do mundo dos contratados, ao desbravar a terra com o chicote que marca o ritmo do canto em suas costas negras, destacam-se as frases curtas, nominais ou verbais em *O Canto da Fome*. Assemelhando-se a versos pelo ritmo, concentram grande força expressiva pelo valor figurado das mesmas. A pontuação enérgica, as palavras isoladas (verbos e substantivos) constituem o centro dos parágrafos anterior e posterior, reiterando, na sua parte ascendente, o enunciado:

> Tinha chuva. Chovia. Chuva grande.
> O canto crescia. Cada vez que as enxadas cavavam a terra, as vozes eram mais fortes.
> Desbravando a terra, os contratados cantavam. O chicote marcava o ritmo do canto nas costas negras.
> Canto. Trabalho. Canto. Trabalho. Canto. Trabalho.
> Canto. Força! Força! Trabalho! Trabalho forçado! Força! (pp. 25-26).

Os substantivos indicativos de ação, as pausas, a brevidade de elocução formam um juízo sumário de modo que o pensamento acaba expresso por construções reduzidas, mas suficientes para a compreensão quase intuitiva do leitor. Uma forma de contigüidade assegura a mensagem a tal ponto que o interlocutor se identifica com o pensar e o sentir do emissor. A frase nominal do último parágrafo resume bem o trabalho escravo do contratado:

> Quando começaram a trabalhar era demanhã. Sol ainda nascente. Ainda que chovesse, o tempo estava marcado. Os contratados tinham de

trabalhar sem parar. Cortar capim alto, terra preparar, café plantar, plantar, plantar. Trabalho de contratado (p. 26).

A narrativa enfatiza a oposição entre os contratados, analfabetos e a *terra fértil* que produz café, que produz riqueza para o patrão a enganá-los sempre com "aldrabice nas contas". Em fila, alinhados, não ultrapassam o espaço da fome: a maior parte não tem nada a receber e uns poucos têm somente dez "angolares para todo o mês". Daniel, ao não se conformar com a situação, promove a revolta do patrão que, furioso, despeja em seu corpo todas as balas da pistola e da caçadeira do mato. E aos contratados só lhes resta desaparecerem "calados na escuridão da noite escura". Como diz Maria Aparecida Santilli, a fábula do lobo e do cordeiro se repete nas *estórias* de Boaventura Cardoso. Suas personagens estão sempre de sobreaviso diante do clima de repressão[5].

Em *Gavião Veio do Sul e Pum!*, a reiteração, o truncamento das frases, a superposição das mensagens, traços da *fala* responsáveis pelas virtudes intensificadoras do significado, merecem um tratamento original pelo Autor. Funcionando como *pontuação oral*, solicitam a atenção constante do interlocutor, mantendo com ele uma espécie de diálogo, de modo a acentuar singularmente o tom conversacional:

> Pássaros vêm atrás de pássaros e eu sempre a enxotar pássaros e pássaros a virem e pássaros a irem. Vêm em bandos na andança deles vacilante e quando a surpresa duma pedrada em cima deles partem todos em fuga. E voltam. Enxoto pássaros e pássaros e pássaros. E voltam mais (p. 43).

As enumerações paratáticas polissindéticas, ao lado do acúmulo de verbos de movimento, dão ao texto uma expressiva dinâmica de fatos que se repetem enfaticamente.

Há nesta narrativa situações que desvendam a *fala* absurda dos interlocutores, como a do menino e Kilausse, experimentos neces-

---

5. *Estórias Africanas: História e Antologia*, São Paulo, Ática, 1985, p. 21.

sários para representar o diálogo entre a criança e o adulto marginalizado e amalucado que lhe conta histórias complicadas:

– Qualquer dia vou virar pássaro e vou ir voar no outro lado – Kilausse está me falar mas está olhar longe.
– Como é que vais ficar pássaro? – meus zolhos chocam com zolhos dele. Olhadas.
– Num sabes os pássaros conhecem muitas terras? Levam pessoas nas costas e são nossos amigos? Quando Kilausse vai ficar pássaro te levo também. Vamos fazer ninho para guardar ovos de todos os pássaros (p. 40).

Só o menino poderia entender a conversa desvairada do amigo Kilausse, para quem os malucos são os que não sabem voar, pois ele anda no ar sem asas. Enquanto enxotam pássaros das lavras, o *passarão* desova ovo grande que rebenta e incendeia tudo. Confira-se neste fragmento:

Fogo! Tudo fogo. Fogo! Árvores caídas montanhas desaparecendo. O fogo! É fogo. Tudo fogo. Fogo! Fogo! [...]
Estou assim espantado. Olhar tudo assim destruído e queimado assim e vejo então fogo e fumo se esfumando e na terra está verdejar, verde nas lavras, tudo verde (pp. 47-48).

É como se o menino estivesse não só assistindo à luta, mas participando também do próprio processo de libertação. Contra a rapina e a destruição do *passarão* haverá sempre a espera, a paciência e a certeza de que tudo voltará a ser verde. E aos olhos do menino o processo de libertação se concretiza, confirmando-se, pelos *exercícios de estilo*, a autodeterminação do povo angolano em busca de sua identidade:

Estávamos assim sentados a enxotar pássaros em bandos volteando, gavião veio vindo do sul e pum! Vida renascente. Estávamos assim outravez sentados a enxotar pássaros em bandos volteando, vieram gaviões rugindo e pum! pum! pum! e os ovos dos gaviões não caíram e assim os gaviões não regressaram (p. 48).

Também é de notar os vários adjetivos a integrarem uma sintagmática funcional. Por terem papel importante na frase, uma vez que permitem configurar os seres ou os objetos da forma como os distinguimos, dando-lhes as peculiaridades objetivamente apreensíveis, os adjetivos tornam o enunciado mais expressivo. Como estão menos ligados à significação lógica da frase, intensificam a representação imaginativa ou a eficácia afetiva do significado:

> Passarão volteia e vai. E assim vai barulho estrondoso. Fico então no esconderijo mais tempo. E o barulho a ir longe assim. Me levanto assim atordoado. E o barulho a ir desaparecendo. E vejo assim o resultado: tudo destruído e queimado e arrasado e assado no fogo (p. 47).

A repetição do advérbio, num expressivo uso coloquial, intensifica o modo pelo qual o menino percebe o barulho, a princípio muito forte e depois diminuindo para, no final, constatar a destruição de tudo.

Outras possibilidades lingüísticas apresentam-se como *exercícios de estilo*: a sintaxe despoja-se de elementos de coesão — artigos, conjunções, preposições — mas sem que o entendimento fique comprometido, pois os morfemas gramaticais, desinências e afixos se associam numa relação semântica; também o modo de enfrentar a frase altera-se para que significações da vida quotidiana possam desvendar a *fala* dos interlocutores:

> Estou olhar assim os pássaros estão brincar nas lavras, debicando aqui e ali é cantarolar, música é deles e riacho correr fintando pedras e sol bom e verdura é verde bonito em todos os lados e quando então faço xô! (p. 39).

Há ainda uma pluralidade de outros recursos expressivos, em níveis que abrangem não só a sintaxe ou a morfologia, mas também a estrutura sonora. Interjeições e onomatopéias — categorias de significantes — intervêm como formas auxiliares da linguagem verbal, para evocar algo da realidade que se traduz por situações próximas das gestuais. A serviço da função emotiva da *fala*, põem em evidência o ato individual da escrita, dando vazão a conteúdos em que prevalecem os centros afetivos. Passando para a linguagem do papel traços do que se dá pela voz, o autor recria as façanhas da oralidade, reinstalando nas suas narrativas as surpresas que surgem da conversação diária. É o que se pode conferir nos seguintes fragmentos:

> Tubarão grande e grande e grande! – miúdo atento a imaginar a grandeza do animal – Tubarão grande também estava aflito e dava cada pulo que ia subir nas nuvens e depois o tubarão pumba! caía. Até gente na terra longe ouvia o estrondo kipum! (p. 87).
>
> Pioneiro enxuga lágrima na vontade de lutar. Toma coragem e pega força nos remos e está ximbicar lento, canoa chuá, chuá, chuá a andar (p. 92).

Deste universo de significantes que nos leva a enquadrar as narrativas nas esferas onde se fundem organicamente prosa e poesia, Boaventura Cardoso extrai rico manancial de belos efeitos estilísticos.

Assim em *Pai Zé Canoa Miúdo no Mar*, o menino faz sua iniciação nos perigos do mar. O avô conta-lhe a história da *kianda*, sereia sorridente e bonita que mata o tubarão gigante. É preciso agradecer sempre à sereia quando se está no mar é a lição do avô. E o menino, precocemente, enfrenta o mar, pondo toda a força na *ximbicação*[6], esperando que o avô morto possa aprovar seu desempenho. Enquanto isso há pássaros voando e flores coloridas que crescem na canoa sem comando...

As camadas fônica, morfológica e sintática assumem um caráter funcional na dinâmica expressiva da *fala*, passando a palavra a primeiro plano na estruturação dos textos. O tempo da *história* e o tempo do *discurso* se configuram em conjugação simultânea à maneira de um diálogo ininterrupto dos interlocutores, de modo que nos leva a pensar numa literatura de cordel. O que importa

6. Remar à vara.

para o Autor é, principalmente, o código lingüístico, os *exercícios de estilo*, que se aventuram em inovações. Cada sujeito falante, seja narrador ou personagem, será o próprio interlocutor da mensagem, pretendendo conduzir-se a uma certa forma de ação, pois, como diria Júlia Kristeva, "falar é falar-se"[7].

Selecionando e hierarquizando elementos do sistema lingüístico, Boaventura Cardoso acaba por reduzir seus textos ao essencial da *fala*, conforme emissor e receptor se coloquem num contexto situacional idêntico. Se a possibilidade de uma *língua individual* está imanente no conceito de estilo, podemos dizer que os recursos expressivos, abrangendo a infra-estrutura sintática, morfológica e sonora em *O Fogo da Fala*, podem ser vistos como uma chamada à autodeterminação do povo angolano.

Mas a linguagem de Boaventura Cardoso é apenas o instrumento que serve para recriar o espaço e o tempo onde se movem contratados, crianças, *garinas*[8] bisbilhoteiras que nos levam aos vários mundos angolanos em que cada objeto, cada ser é aprisionado pelo trabalho de seus *exercícios de fala*.

Para concluir, citaremos Costa Andrade, quando destaca alguns escritores angolanos, tais como Boaventura Cardoso, cuja linguagem tem base social em Luanda:

[...] a utilização da língua portuguesa angolanizada não é mais a resultante duma imposição, quanto uma vitória da angolanidade e do seu universalismo. A angolanidade não só resistiu à despersonalização, ao esfacelamento durante séculos; pelo contrário, como os cogumelos das nossas matas, reviveu e cresceu sob as pedras em brasa das queimadas, presente agora na forma de uma linguagem nova que da palavra ao conceito é angolana[9].

---

7. O sujeito falante é o destinador e o destinatário de sua mensagem, porque, ao emitir uma mensagem, é capaz, ao mesmo tempo, de decifrá-la. Ou seja: antes de destinar a mensagem a outro, o emissor destina-se a si próprio, daí *falar é falar-se* (em sua *História da Linguagem*, trad. por Maria Margarida Barahona, Lisboa, Edições 70, 1980, p. 19).
8. Moças, raparigas.
9. *Literatura Angolana*, Lisboa, Edições 70, [1980], p. 51.

10

Garcia Bires:
Poeta-Contexto-Povo*

> *Descobriram [os poetas angolanos] assim, por outros meios, os caminhos da nova linguagem.*
>
> *[...] Desconhece-se a distinção que é possível fazer entre o poeta africano e o poeta simplesmente. O primeiro é um poeta-contexto-povo, fora do qual é um indivíduo sem outros adjetivos, poeta de si mesmo. O segundo é um poeta em si, que, mesmo quando agindo ou apenas tendencialmente poeta político, jamais coincide.*
>
> COSTA ANDRADE

O mundo da poesia não se explica, antes se revela pelas imagens que produz. Muitos fatores impregnam a obra poética de vários sentidos, abrindo-a para as virtualidades da ambigüidade possível. Inversões, associações imprevistas alteram a estrutura da frase, transfiguram a linguagem. O espaço em branco, os arranjos tipográficos, a disposição do texto na página são outros fatores que podem conter várias significações, reunir muitas leituras.

---

* 1º Encontro de Professores de Literaturas Africanas de Língua Portuguesa, UFF, Niterói, 1991.

Compete, pois, ao leitor refletir as diversificações diante da polivalência do texto poético. Quando de sua descoberta, a fruição caminha de uma realidade geratriz para outras realidades, numa atividade de tal modo cooperativa, que, segundo Umberto Eco,

> leva o destinatário a tirar do texto aquilo que o texto não diz (mas que pressupõe, promete, implica e implicita), a preencher espaços vazios, a conectar o que existe naquele texto com a trama da intertextualidade da qual aquele texto se origina e para a qual acabará confluindo[1].

Se a obra moderna se abre para o debater, para a participação consciente do público leitor, as construções indefinidas, a supressão da pontuação podem constituir, na arquitetura do texto, índices evidentes de uma dialética que se propõe entre a obra e o leitor-intérprete. A leitura, então, cumpre-se essencialmente dinâmica, em co-ação com o autor, em que o *não-dito*, o que não é manifestado em superfície, passa a exigir movimentos mais conscientes e ativos.

Tal procedimento deve ter o leitor-intérprete acerca de *O Silêncio Acordado*, livro de poemas do angolano Garcia Bires[2]. Apresentando-se em quatro ciclos: *Os Belos Tempos*, *Apontamentos do Passado*, *Eu Queria* e *Eu a Bomba*, sua linguagem presta às palavras riqueza e potência significantes, uma espécie de artefato lexicográfico, possibilitando que o pensamento possa ser redimensionado a cada momento. A organização gráfica, a disposição dos versos, por sua vez, conterão outros desdobramentos de significados.

Como mensagem introdutória, *O Sentido do Tempo* sugere que o leitor se situe no tempo da escrita do poeta:

O tempo
devolveu-me a razão, a certeza
e o sentido.

---

1. *Lector in fabula*, trad. por Attílio Cancian, São Paulo, Perspectiva, 1986, p. IX.
2. *O Silêncio Acordado*, Luanda, INALD (Instituto Nacional do Livro e do Disco), [s.d.].

[...]
O tempo
reservou-me cuidadosamente um momento,
muitas e variadas quimeras
e também, muitas vidas.
      A razão de permanecer,
      o sentido de ficar
      e
      de
      amar.

Nos poemas do Primeiro Ciclo, *Os Belos Tempos* (18 poemas), o poeta volta-se para o distante passado, opondo a linguagem gestual do colonizado à linguagem da fala e da escrita do colonizador. Nesse regresso, ele pode iniciar seu aprendizado ideológico: "Antigamente/ na nossa Escola haviam muitos meninos./ Muitos morreram antes do tempo./ Outros desapareceram com o tempo". O regresso à infância pelo processo anafórico traduz a busca do paraíso perdido, do jardim edênico, onde se podia viver em liberdade. Elementos que, sintática e semanticamente, não se separam, conduzem à superlativização do significado dos adjetivos, já anunciada pela antítese e reduplicação contidas nos sintagmas nominais: "Antigamente/ nós éramos *marinheiros certos* num *mar incerto* de uma *Terra certa/ real/ viva*" (p. 39) (grifos nossos).

A imprevisibilidade dos significados das palavras como mensagem polivalente e os consentidos enfoques sugeridos pelas mensagem provocam uma intensa dinamização de intenções significativas, a constituir uma pragmática do texto. Diz o poeta:

Parávamos com o tempo rodando.
Parávamos com o sonho sonhado.
Parávamos com o canto estridente da cigarra.
Parávamos com o Sol escaldante.

Nós parávamos no parar do parar da hora e do tempo.

Quando éramos mais novos
nós fazíamos uma pausa na nossa kilembeketa
na kilembeketa do amor.

Na kilembeketa da solidariedade de meninos com muitos e renovadores sonhos (p. 69).

O mundo narrado desloca-se para o plano da consciência do leitor, para além da temporalidade, indiferente ao tempo cronológico. A reiteração, modo pelo qual a linguagem procura recuperar a sensação da simultaneidade, torna mais eficaz a pausa no tempo: o presente dentro do passado, metáfora temporal, que, no contexto poético, sugere o regresso ao éden, mas também o *parar* no tempo.

Em *Memória* de I a VIII, o poeta busca representar recordações dispersas e vagas de promessas e sonhos, que a memória da linguagem revoca. *As Escolas rudimentares, o Professor, o Cinema Tropical, os Coqueiros, o Ferroviário, a Dor, a Máquina, o Telex* são imagens inconfundíveis, sujeitos plenos destes poemas. Neles e com eles será forjado o desencadeamento da luta armada de libertação nacional. Por eles serão descortinados os caminhos de participação em campo de batalha, pois

> Num desses dias
> Nos dias que irremediavelmente se avizinham
> Ele [Agostinho Neto] subirá ao podium.
> [...]
> não como um santo procurando repentinamente um pedestal
> mas como um soldado que soube ganhar a guerra (p. 61).

Comprometido com o processo de libertação através do percurso da infância, o poeta não se volta simplesmente para ela, mas se volta para a percepção onde se lhe revela a sua verdade poética. Cria-se, assim, o estado de tensão, no qual empenha todo o seu ser sensível, procurando, na atividade que suscita no leitor-intérprete, uma feliz cumplicidade.

Em *Apontamentos do Passado* (23 poemas compõem o Segundo Ciclo), disseminam-se mais seis *Memórias*. Se no Primeiro Ciclo se descobre a presença do nexo entre poesia e ideologia, aqui o poeta vai mais longe, avançando para uma dialética que não pode deter-se, dialética que surge nas relações entre os povos, após a independência de Angola[3]. Assim, em *A Bênção*, o *eu*, gramaticalmente manifesto, identifica o *tu*, aquele que deu sua *contribuição à Luta*, aquele que habita

> [...] por esta Angola toda
> nas bananeiras
> nos imbondeiros
> nos muxixeiros e sei lá em que mais
> ficas sempre eternizado de...de...MATISCO!
> [...]
> Quer dizer:
>   Um bicho que não é da terra e nem do mar.
>   Um bicho que não é do chão e nem do ar.
>   Um bicho que não é carne e nem é peixe.
>   Portanto
>   considerando o seu estatuto especial
>   o seu comportamento fiel à n'doka
>   portanto
>   isto quer dizer...
>   portanto isto quer significar:
>   MARISCO DO MATO
>   ou ainda se assim preferirem
>   PETISCO DO MATO
> Portanto
> Simplificando e resumindo:
>
> MATISCO
> (pp. 89-90)

Em *Escrever-te um Poema*, o abandono da inspiração edênica, "Não há em mim a inspiração do passado", transfigura-se em "chei-

---

3. Costa Andrade diz que a poesia angolana redimensiona a palavra, na medida em que "dar dimensão nova à palavra é colaborar igualmente na redimensionação do pensamento". Após a independência surgirá uma dialética nova nas relações entre os povos. Criam-se, então, palavras novas, pois as que se usam envelhecem, burocratizam-se, acabando perdendo seu significado e valor (*Literatura Angolana*, Lisboa, Edições 70, 1980).

ro do capim queimado", em "vermelho do sangue coagulado no chão", e em "volume dos cadáveres das mães que tombaram".

Mas é em *Memória* deste ciclo que o poeta descobre o caminho de sua participação como matéria para o seu entender-se angolano. O rio Kalombo não tem *riquezas*, nem *quedas de renome*. Assume existência poética, no entanto, "dando vida à nova vida", confortando "novos habitantes", ouvindo "os relatos do grande desafio do tempo". E o poeta não chora, pois "o chorar não salva", antes canta "o amanhecer certo do amanhã".

Memória XV tem como objeto a poesia que "nasceu de um Poema sonhado", que "nasceu de um canto nascido no silêncio da hora". Através do processo metalingüístico, a memória reveste-se de renovada significação: o encontro com a palavra, espécie de refrigério da luta no espaço angolano, reconforta "as certezas sublimes dos homens" e desenha "o perfil exacto das coisas".

Ser *um ponto, o princípio, a partida*, numa espécie de autodefinição como ideólogo da libertação será o anseio do poeta em *O Meu Desejo*, o primeiro dos sete poemas que compõem o Terceiro Ciclo – *Eu Queria*. Ao destinatário é reservado "o traço. A linha. O eixo. O veio". Ou seja, a continuidade, o conjunto, os homens africanos, com todas as suas "dúvidas, certezas, fantasias, curiosidades e lutas gloriosas. Eu e tu", ingredientes da construção binária, de que o poeta se vale para traçar suas "figuras geométricas convencionais", figuras, cujas mãos pontuam, com ritmo fortemente acentuado, o mundo angolano:

> Harmonizadas.
> Sincronizadas.
> Simétricas.
> Coloridas.
> Reais imaginadas e por estabelecer.
> E eu
> Permaneceria o ponto do início. O ponto zero.
> (pp. 151-152).

Conquistada a libertação, o poeta não pode alienar-se do progresso, pois "viver a poesia angolana" é também estar ao lado de e procurar compreender o seu povo. Ainda: pensar os seus problemas, contribuir com sua intelectualidade, colaborar na edificação de sua sociedade.

A preocupação com o avanço tecnológico ser nefasto expressa-se em *o átomo* que, unido a outros átomos, pode conduzir a algo perigoso e mortífero. Mas, por outro lado, haverá *O reverso* a contrapontear num *abraço fraternal*. Ou, então, *A mão*, a compartilhar a *liberdade conquistada*.

Ao final deste ciclo, em *O Planeta*, engendram-se outras forças, criam-se outras realidades, para que ocupem maiores espaços de explosão cultural, onde, em mensagem metalingüística, "A poesia/ seria o somatório de todos os Códigos.// O Poeta/ o Juiz".

No Quarto Ciclo – *Eu a Bomba* (9 poemas), o *eu*, narrador-personagem, contracena com a *bomba* que, ao personalizar-se, visita, vê, anda, assiste, come, bebe, fala e até telefona. E tem planos de ficar em Angola. Se a conquista da libertação, decisivo e importante fator cultural da história angolana, significa inovar, criar, mesmo que se tenha de retornar ao passado para ali projetar o futuro, toda uma tecnologia metaforizada pelo poeta coloca o povo diante de auspicioso porvir, desde que haja investimentos para programas de "novas e renováveis fontes de energia". Catalisador dos anseios de liberdade, presença ideológica no contexto angolano, o *eu-poético* ganha maior dimensão e se estende para "Nós os famintos da terra/ somos uns românticos, Nós/ os famintos da terra/ sonhamos com tudo,// Esquecemos da perigosidade da bomba".

Construir a consciência nacional, desenvolver a consciência política, defender a conquista da libertação para que o homem angolano mantenha seus "hábitos, rituais e costumes", tudo isto está contido no *não-dito* de que fala Umberto Eco. A cada passo, o leitor-intérprete preenche os espaços vazios, conectando os poemas com a trama da intertextualidade de onde provêm.

Garcia Bires recria uma visão de concepções universais, com raízes em Angola. Será como outros "o poeta-contexto-povo, o poeta de si mesmo", no dizer de Costa Andrade[4]. E *O Silêncio Acordado* acabará, por certo, por confluir no movimento de *consciencialização*[5] nacional.

---

4. A propósito, Costa Andrade diz que os poetas e alguns prosadores *deseuropeizaram* a palavra que usam, empunharam-na como arma política e cultural, dando-lhe nova dimensão, acabando, por outros meios, de descobrir os caminhos da nova linguagem (em *Literatura Angolana*, p. 34).
5. Onésimo Silveira (1963) usa o termo *consciencialização* para indicar o acesso à consciência como processo que se realiza apenas por estádios (*apud* Manuel Lourenço, "O Desenvolvimento da Consciência em Sagrada Esperança", *África*, Lisboa, África, n. 3, 1979, pp. 253-263).

11

O Espaço Cultural Português em Macau*

> [...] e ainda aqueles outros trouxeram-nos o encantamento do Ocidente, alertaram-nos para o desvio do epicentro da História no próximo milênio, para o "doce falar" daquelas famílias portuguesas que através de gerações sucessivas souberam manter, na foz do rio das Pérolas e perto das muralhas chinesas, uma presença portuguesa que, quase juramos, não irá extinguir-se, nem escapar pela Porta do Cerco [...]
>
> ANTÔNIO GOMES DA COSTA

Portugal iniciou a expansão marítima e colonial na primeira metade do século XV com a descoberta das ilhas da Madeira e dos Açores. Na segunda metade, a expansão estendeu-se pela África, povoando-se as ilhas de Cabo Verde e as de São Tomé e Príncipe.

Bartolomeu Dias foi o autor da façanha de dobrar o Cabo das Tormentas em 1488. Dez anos mais tarde, Vasco da Gama chega a Calecute. Portugal entrava, assim, em contato com as costas africanas, para depois ultrapassá-las, levando sua língua aos mais longínquos portos.

---

* XIX Encontro de Professores Brasileiros de Literatura Portuguesa: "Imaginário – o não-espaço do real", UFP, Curitiba, 2003.

Sílvio Elia denomina o espaço geolingüístico da língua portuguesa de Lusitânia, considerando-a no conjunto de sua *unidade e variedades*, ao comparar com o sentido que se deu à palavra *Romània*, no mundo neolatino. Temos, então, o espaço da *lusofonia*, sendo seus usuários os lusofalantes. As faces da *Lusitânia* atual são denominadas pelo nosso filólogo de *Lusitânia Antiga* (Portugal, Madeira e Açores), *Lusitânia Nova* (Brasil), *Lusitânia Novíssima* (os cinco países africanos: Angola, Cabo Verde, Guiné-Bissau, Moçambique e São Tomé e Príncipe), *Lusitânia Perdida* (regiões da Ásia e da Oceania) e *Lusitânia Dispersa* (mundo não-lusófono, principalmente com as emigrações, após a II Guerra)[1].

Após a conquista da Índia por Afonso de Albuquerque (1509-1515), D. Manuel iniciou a disputa pelo domínio das linhas do comércio marítimo do Índico e do Mar da China. Os primeiros contatos dos portugueses com o Império do Meio, favorecidos pela conquista de Malaca, foram feitos em 1513, quando Jorge Álvares levanta um padrão na ilha de Lantau (antiga Tamão), localizada na desembocadura do rio das Pérolas, marcando o encontro do Império do Meio com o Ibérico[2]. Em 1516, Rafael Perestelo atinge Cantão.

A partir dos anos 1520, surgiram hostilidades, em face de ataques a navios chineses, por parte dos portugueses. Embora um decreto do Imperador fechasse o porto de Cantão aos estrangeiros, os portugueses continuaram a freqüentar os mares da China, estabelecendo feitorias no litoral. Posteriormente nos anos 1540, com a chegada ao Japão, o comércio português se amplia e logo depois se estabelecem novas feitorias nas ilhas de Sanchuang e Lampacau.

Por essa época, o capitão Leonel de Sousa consegue do governador de Cantão licença para os portugueses se fixarem em Macau,

---

1. *A Língua Portuguesa no Mundo*, São Paulo, Ática, 1989, pp. 16-17.
2. Em 1953 foi erigido um monumento a Jorge Álvares na Rua da Praia Grande, em Macau.

pequena aldeia de pescadores. Sanchuang e Lampacau entram em declínio, e Macau, que abrange a península que leva o mesmo nome e duas ilhas, a de Taipa e a de Coloane[3], passa a crescer, tornando-se uma povoação de mercadores.

O ano de 1557 é tido como a data de fixação permanente dos portugueses em Macau, pólo mais oriental de uma série de fortalezas e feitorias. Nos anos 70 do século XVI, como já existisse uma povoação, os chineses, temerosos de que os portugueses saqueassem o continente, construíram uma muralha ao Norte, com acesso ao continente pela Porta do Cerco, aberta duas vezes por mês, e posteriormente todos os dias, para que fossem fornecidos produtos alimentícios e outros bens. E o mercado acabou por fixar-se entre as duas comunidades.

Macau cedo se transformou de aldeia piscatória num porto próspero, por sua posição de navegabilidade pelos mares que a circundam. Espécie de zona neutra, os portugueses mantiveram o monopólio da comercialização entre o Oriente e o Ocidente até fins do século XVII[4].

A palavra Macau possivelmente deriva de *Má* ou *A-Má* e *cau*. O prefixo *A* é usado pelos chineses antes dos nomes de pessoas. *Má* = *mãe* relaciona-se com a deusa protetora dos marítimos, venerada pelos chineses no templo *Má-Kôk-Miu*, isto é, o *Pagode da Barra* para os portugueses. Este templo, provavelmente anterior à chegada dos portugueses, devia servir de abrigo temporário aos pescadores. No dialeto cantonense até hoje se usa *Ou-Mun* para designar Macau, significando *Porta da Baía*.

O nome cristão dado à povoação foi Porto do Nome de Deus, mudado para Cidade do Nome de Deus, com os mesmos privilé-

---

3. Coloane está integrada à península por um aterro, desde 1968, e a ilha de Taipa, por uma ponte de pouco mais de dois quilômetros de comprimento, permitindo, na parte mais elevada, a passagem de navios.
4. Isaú Santos, "As Relações Luso-chinesas através de Macau nos Séculos XVI e XVII", *Revista de Cultura*, Macau, Instituto Cultural de Macau, n. 7 e 8, ano II, vol. 2, 1988-1989, p. 7.

gios, liberdades, honras e prerrogativas da cidade portuguesa de Évora, a primeira a revoltar-se contra o domínio dos Felipes. Como Macau também não se subordinou aos reis da Espanha, D. João IV mandou gravar à entrada do Leal Senado[5] o dístico: Cidade do Nome de Deus, não há outra mais leal.

Península de dimensões geográficas limitadas, hoje com pouco mais de vinte quilômetros quadrados, incluindo-se as ilhas de Taipa e Coloane, Macau tem sido durante mais de quatrocentos anos ponto de encontro de duas culturas distintas e complexas. Orientais e ocidentais passaram a conviver sem subserviências, nem perda de identidade, enriquecendo-se mutuamente.

Benjamim Videira Pires, ao indagar se houve em Macau *miscigenação, assimilação, aculturação*, considera um caso *sui generis*, porque "nenhuma antropologia, ainda tão incerta de si, consegue traçar-lhes as fronteiras". E continua

> Daí que a transculturação, osmose contínua e sem datas, em corpo e alma, de tudo o que somos e temos, entre homens e povos que sabem conviver, com toda a abertura de espírito ecumênico, represente, melhor que os outros tipos culturais, a síntese vivencial que este pedaço de história luso-chinesa plasmou solidamente, num tempo e espaço definidos. Temos, pois, duas culturas, seculares e opulentas – a portuguesa e a chinesa –, que se encontram e fundem, em transculturação criadora. Aqui, em Macau[6].

Para a antropóloga Ana Maria Amaro, os macaenses, ou *filhos da terra*, são fruto de um poliibridismo bastante rico. Sua tese apóia-se principalmente nos arquivos paroquiais e em árvores genealógicas de vinte famílias antigas de Macau: as euro-asiáticas,

---

5. O Senado da Câmara, criado em 1585, constituía-se de moradores eleitos pelo povo. Como os governadores eram estranhos à cidade, representando o poder político do vice-rei da Índia, com estada temporária no território, o Senado assumia grande importância, uma vez que detinha o poder político, jurídico e administrativo.
6. Benjamim Videira Pires, *Os Extremos Conciliam-se: Transculturação em Macau*, Macau, Instituto Cultural de Macau, 1988, p. 9.

malaias e indianas, teriam sido, em sua maioria, as companheiras dos primeiros portugueses[7].

A cultura em Macau formou-se, portanto, por um processo de integração das diferentes culturas com a portuguesa, em que todas se interinfluenciaram, originando uma identidade coletiva, apoiada sobretudo em ação de navegadores, mercadores e missionários. Seus templos chineses, seus pagodes, seus conventos, suas simples casas chinesas, seus palácios portugueses revelam a todos que a visitam uma cidade cativante.

A celebração do Tratado de Amizade e Comércio entre a China e Portugal em 1887 possibilitou a Portugal "a perpétua ocupação e governo de Macau", mas teriam ficado dúvidas quanto à soberania do Território pertencer à China ou a Portugal[8]. Em 1979, após o estabelecimento das relações diplomáticas entre os dois países, Macau passou a Território Chinês sob Administração Portuguesa. Com a Declaração Conjunta do Governo da República Portuguesa e do Governo da República Popular da China, em 1987, ficou determinado que a China retomaria o exercício da soberania de Macau em 20 de dezembro de 1999, quando aconteceu. Em conformidade com o princípio *um país, dois sistemas*, pelo art. 31 da Constituição da RPC, Macau foi erigido em Região Administrativa Especial da República Popular da China.

As políticas de cultura, educação, ciência e tecnologia foram definidas pela "Região Administrativa Especial", com o objetivo de proteger o patrimônio cultural do Território. Em conformidade com a lei, as línguas oficiais são hoje o português e o chinês (dialeto mandarim), ou seja, as duas línguas são usadas nos organismos de governo, no órgão legislativo e nos tribunais da RAEM (Região Administrativa Especial de Macau). Mas a maior parte da

---

7. "Filhos da Terra", *Revista de Cultura*, Macau, Instituto Cultural de Macau, vol. 20, 1994, p. 16.
8. Macau perdeu a hegemonia como primeiro entreposto europeu comercial, cultural e religioso no Oriente, por ocasião da proclamação de Hong-Kong como colônia britânica, em 1842.

população usa o dialeto cantonense no dia-a-dia, sendo que, nas atividades profissioais do setor privado, lojas, bancos etc., o inglês é a segunda língua. Interessante notar que as ruas têm nomes portugueses e ao lado figuram também nomes chineses.

O ensino da língua portuguesa tem constituído um desafio de importância estratégica. Língua de comunicação da Administração e falada por cerca de 200 milhões de pessoas no mundo lusófono, potencializa sua utilidade pelo relacionamento de Macau com a Europa e com o mundo de fala portuguesa, particularmente as cinco nações da África e o Brasil. Como diz Jorge Rangel:

[...] o reforço da posição da língua portuguesa naquela região do Mundo será sinônimo de que, apesar das nossas limitadas possibilidades de intervenção tecnológica e econômica, o português pode afirmar-se como língua de cultura, importante para estreitar laços entre o mundo de língua portuguesa e outros povos[9].

Em 1989 foi criado o Instituto Português do Oriente (IPOR) com objetivo essencial de preservar e difundir a língua e a cultura portuguesas no Oriente. Tem sede em Macau, que é para o IPOR o pólo irradiador e coordenador da sua ação. São seus fundadores o Território de Macau, o Instituto Camões e a Fundação Oriente, fundação privada com sede em Lisboa. São objetivos do IPOR: *a)* apresentar Macau como ponto civilizacional e expressão concreta de diálogo e tolerância entre culturas tão diferentes como são a chinesa e a portuguesa; *b)* dinamizar o ensino da língua portuguesa em Macau, através de um Centro de Línguas, e no Oriente, através do apoio aos leitorados e centros de português; *c)* preservar e valorizar a presença cultural portuguesa no Índico e no Pacífico, apoiando e organizando iniciativas que defendam e promovam a cultura portuguesa em Macau e junto das comunidades de raiz cultural portuguesa; *d)* estimular as relações históricas de Portu-

---

9. "A Língua e a Cultura Portuguesa em Macau e as Instituições ao seu Serviço no Presente e no Futuro", *Confluência*, Rio de Janeiro, Liceu Literário Português, n. 12, 1996, p. 85.

gal com os países do Oriente, nomeadamente com a RPC, proporcionando contatos científicos, promovendo e apoiando intercâmbio entre pessoas e idéias.

O IPOR mantém em Macau a Livraria Portuguesa e atua na concessão de bolsas a estudantes estrangeiros que estudam português nos leitorados e departamentos das universidades asiáticas, apoiando igualmente os adidos culturais das embaixadas portuguesas no Oriente.

Conta também com o Instituto Internacional de Macau (IIM), constituído por dezenas de sócios fundadores, portugueses, chineses, macaenses, sintonizados com a vocação macaense de diversidade, convívio, abertura, inovação e progresso. Tem como objetivo aprofundar e atualizar os fatores culturais da identidade macaense, incentivar o intercâmbio entre as comunidades, bem como estimular a elevação do nível cultural, cívico e profissional das novas gerações, projetando-as para o novo cenário da globalização.

O Instituto foi responsável pela construção do Museu de Macau, que se instalou, no final da década de 1990, na velha fortaleza do Monte, edificada pelos jesuítas no século XVII. Espelhando a história de um Território ímpar no mundo, em que se destaca o mural dos cristãos portugueses e japoneses martirizados em Nagazaki, este Museu completa o que já existia, o Museu Marítimo de Macau.

Os jesuítas chegaram a Macau em 1563, encontrando apenas uma pequena povoação de 600 ou 700 portugueses que residiam em casa de palha, em volta da pequena igreja de Santo António, perto de onde se encontra hoje a igreja de São Lourenço. Logo fundaram uma escola de ler, escrever e aritmética, que vinte anos mais tarde já contava com mais de duzentos alunos e com doze jesuítas professores, quase todos portugueses.

Em 1590 estabeleceram-se duas comunidades distintas: a Casa-Residência da Madre de Deus e o Colégio São Paulo. Este tinha organização autônoma e formal de estudos superiores de

Artes e Teologia, podendo conferir graus acadêmicos a eclesiáticos e a leigos. Tornou-se, assim, uma instituição de tipo universitário, sendo considerado historicamente como a primeira universidade ocidental no Extremo Oriente.

Do antigo Colégio resta hoje a imponente fachada da antiga igreja de São Paulo, conservada e renovada após vários incêndios. Principal símbolo de Macau, representa pela escadaria e magnífico frontal a formação de uma identidade multicultural, que se expressa na sua etnicidade, religião, línguas e costumes.

No século XVIII foi inaugurado o Seminário de São José que, depois da expulsão dos jesuítas pelo Marquês de Pombal, passou para a direção dos lazaristas. Em meados do século XIX, o Seminário volta para a direção dos jesuítas, destacando-se sempre como foco de cultura. Também os capuchinhos, os agostinhos, os dominicanos e as clarissas tiveram estabelecimentos escolares em Macau, contribuindo para a educação e divulgação da cultura portuguesa.

O Liceu de Macau, criado em 1893, exerceu igualmente papel destacado. Fizeram parte de seu corpo docente Wenceslau de Morais e o poeta Camilo Pessanha.

A imprensa, introduzida pelos jesuítas, já existia desde o século XVI, mas apenas com obras religiosas. O primeiro jornal, *A Abelha da China*, semanário das quintas-feiras e órgão oficial do governo, surgiu em 1822 e teve 67 números, sendo o primeiro jornal a leste da Índia. Sucedeu-lhe: a *Gazeta de Macau* (1824-1826) e a *Chronica de Macau* (1834-1836). No século passado o *Notícias de Macau* teve bastante projeção. Em 1981 eram publicados apenas dois jornais em português: A *Gazeta Macaense* e *O Clarim*. Nos dois anos seguintes surgiram mais dois diários: *Jornal de Macau* e *Correio de Macau* e ainda o semanário *A Tribuna de Macau*. Hoje temos os seguintes diários matutinos: *Macau Hoje, Futuro de Macau* e *Gazeta Macaense*; e o vespertino, *Jornal de Macau*. Como semanários há *O Clarim*, jornal católico; *Ponto Final* e *Tribuna de Macau*.

A partir da fixação dos portugueses no Território, a linguagem foi atingindo um certo grau de fixação fonética, morfológica e sintática. Formou-se, então, o dialeto macaísta, também chamado de *patuá* ou *patoá* (do fr. *patois*), que tem muita relação com os dialetos de Malaca, pela proximidade relativa da Malásia e pela influência do grande número de escravas malaias que serviram as famílias macaenses. Também tem relação com o *canarim* (de Goa), pois muitos termos foram adaptados pelos falantes do *patoá*, lembrando-se que Macau esteve ligado administrativamente ao governo da Índia por muito tempo. Citam-se como exemplos: *aluá* (doce), *jambo*, *jambolão* (fruta), *copo-copo* (borboletas). Há também vestígios da língua espanhola pela proximidade das Filipinas.

O *Papiá Kristang* importado de Malaca foi reforçado durante a ocupação pelos holandeses em meados do século XVII, quando várias famílias foram para Macau. Além do léxico (Graciete Batalha menciona 194 palavras de origem malaio-portuguesa)[10], na estrutura gramatical do *patoá* há identidade com o malaio, por exemplo, na reduplicação vocabular para se formar o plural: *criança-criança* (as crianças)[11].

A base do *patoá* macaense foi a língua portuguesa dos séculos XVI e XVII. Notam-se até termos antigos que se conservaram ao longo dos tempos: *asinha* (depressa), *bredo* (hortaliça). Termos relacionados com a agricultura e horticultura não se encontram, pois o pequeno solo de Macau não se presta ao cultivo da terra. Mas os que se referem à culinária são bastante expressivos quanto ao número: *badji* ou *baji* (arroz pulu, isto é, gomoso, com coco e açúcar); *chutney de peixe* (à base de cebola, açafrão e coco ralado, muito picante); *chauchau pele* ou *tacho* (cozido preparado com galinha, chouriços, presunto, chispe (pé de porco), carne salgada,

---

10. *Língua de Macau*, Macau, Imprensa Nacional, 1974, p. 22.
11. A obra missionária da Igreja esteve tão ligada à cultura portuguesa que a palavra *cristão* chegou a designar *português* em regiões do Oriente e *papiá cristão*, o *falar português* em Malaca (cf. Jorge Morais-Barbosa, *A Língua Portuguesa no Mundo*, Lisboa, Sociedade de Geografia de Lisboa, 1968, p. 130).

duas qualidades de couve, cogumelos e nabos); *fartes* (bolinhos de farinha, ovos e mel); *minchi* (carne picada).

A tradição macaense esmera-se por receber bem, vestígio da tradição portuguesa e dos padrões do Oriente de mesa sempre lauta. O *chá gordo*, refeição emblemática dos macaenses, é uma merenda ajantarada em que se apresentam vinte ou trinta pratos salgados e doces. É quando as senhoras macaenses procuram mostrar seus dotes culinários, prendas necessárias a uma boa dona de casa.

A partir do desprestígio do *patoá,* principalmente no período entre guerras do século XX, o português passou a tornar-se a língua da identidade – falar com fluência português era sinal de distinção – para aqueles com pretensão a cargos na administração pública. Depois dos anos 1970, no entanto, sabendo-se que Macau seria revertido para a administração chinesa, tal distinção perdeu seu valor. Contribuiu também para a mudança o casamento de mulheres macaenses com homens chineses, que se acentuou depois de 1970. Os filhos há algum tempo chegaram à idade adulta e, como as referências culturais são dadas pelo pai, estranho à cultura portuguesa, os novos macaenses desconhecem a língua portuguesa. Nas relações familiares, o dialeto cantonense é o veículo de comunicação privilegiado.

Além da preferência pela língua chinesa, os macaenses adotam os preceitos da geomancia, *fông-soi,* que literalmente significa *vento e água.* Milenar ciência geomântica, profundamente arraigada na consciência e cultura chinesa, diz respeito ao modo como todos os objetos devem ser colocados e posicionados de acordo com as influências da Natureza (o ar e a água) sobre o homem[12].

A presença dos santos católicos (Nossa Senhora de Fátima, Santo Antônio, São Judas Tadeu) vem sendo substituída pelas di-

---

12. Em *A Trança Feiticeira* (romance do macaense Senna Fernandes), o narrador, ao referir-se à mudança de casa, diz o seguinte: "Opuseram uma resistência chorosa, argumentando que quem estava bem numa casa e ali prosperava, não devia mudar-se, por causa dos ventos propícios, do fong-soi" (*A Trança Feiticeira*, Macau, Instituto de Cultura, 1993, p. 13).

vindades chinesas que simbolizam a Felicidade, a Fortuna e a Longevidade. Em lugar dos altares católicos, os devotos do *fôngsoi* colocam aquários com peixes dourados em local da casa previamente determinado pelo geomante.

A partir da II Guerra Mundial, a comunidade macaense euro-asiática não-chinesa começou a emigrar, emigração que se acentuou depois do 25 de abril de 1974. Segundo Carlos Marreiros, após a extinção da tropa em 1976, muitos jovens, ao terminarem o serviço militar obrigatório, deixaram de integrar a Polícia de Segurança Pública e outras repartições, não se radicando em Macau Foi um dos erros políticos de Portugal, pois teria sido possível hoje uma comunidade macaense lusófona mais expressiva no quadro participativo do Território, dando maior garantia quanto à presença da língua e da cultura portuguesas em Macau[13].

Conforme Luís de Matos, em sua *História da Expansão e da Cultura Portuguesa no Mundo*[14], a expansão ultramarina deu ampla projeção à língua portuguesa, criando em Portugal um ambiente que se refletiu em vários aspectos. Na língua, por exemplo, houve enriquecimento pela incorporação do vocabulário exótico, pela movimentação do léxico anterior à expansão ou dos seus novos sentidos, ou pela criação de neologismos. Luís de Matos refere-se:

a) ao vocabulário exótico utilizado pelos metropolitanos no Ultramar mas desconhecido em Portugal;
b) ao vocabulário que durante algum tempo foi usado em Portugal e depois caiu em desuso;
c) ao vocabulário que foi criado com base em termos do Ultramar;
d) ao vocabulário que acabou por integrar-se na língua portuguesa, como: andor, bambu, banzé, bazar, bengala, biombo, bule,

---

13. *J/L Macau*, Segundo Caderno, n. 687, Macau, de 12 a 25 fev. 1997, p. 26.
14. *Apud* Jorge Morais-Barbosa, *A Língua Portuguesa no Mundo*, Lisboa, Sociedade de Geografia de Lisboa, 1968, p. 115.

canja, caril, catre, chá, chávena, chita, corja, jangada, junco, lacre, leque, mandarim, moção, nababo, pagode, pária, paxá, pires, salamalaque, tufão.

Estabelecendo uma homologia entre língua e literatura, distinguimos a literatura portuguesa das literaturas de língua portuguesa, nas quais incluímos as literaturas africanas. A literatura de Macau terá algumas diferenças da literatura portuguesa, especialmente quanto à temática. Vamos adotar, então, as palavras de Graciete Batalha, em intervenção ao III Congresso de Escritores Portugueses, em 1990: "disse literatura de Macau e não literatura macaense, porque de macaense é mais a temática do que a autoria"[15]. Assim, serão considerados escritores de Macau aqueles ali nascidos, e os que por ali passaram ou ali se radicaram.

A presença literária portuguesa no Extremo Oriente marca-se pela possível estada de Camões em Macau, onde, conforme diz a tradição, teria escrito parte de seu poema. O jardim que tem o nome de Gruta de Camões, lugar privilegiado da cidade, tem inscritas algumas estâncias de *Os Lusíadas* em seus penedos, simbolizando na figura do Poeta a expansão lusitana pelo mundo.

Bocage esteve no Território dois séculos depois de Camões como guarda-marinha, e ali escreveu odes, duas delas dedicadas a senhoras macaenses, "senhoras de grande linhagem e de grande beleza". O poeta, no entanto, não se mostrou encantado por Macau, como se pode observar nesta quadra de um de seus sonetos:

> Um governo sem mando, um bispo tal,
> de freiras virtuosas, um covil,
> três conventos de frades, cinco mil
> nhons e chinas cristãos, que obram muito mal.

Em fins do século XIX, Venceslau de Morais residiu em Macau, tendo ali exercido funções de oficial da marinha e de magistério.

---

15. "A Viragem do Século e o Escritor de Macau", *Revista de Cultura*, Macau, Inatituto Cultural de Macau, n. 15, 1991, p. 184.

Sua obra *Traços do Extremo Oriente* registra observações atentas sobre costumes do Território português. Seu tema preferido, no entanto, foi o Japão, principalmente a *mussumé*, a mulher japonesa que o fascinava por seus gestos e por sua meiguice.

O poeta simbolista Camilo Pessanha (1867-1926) viveu grande parte de sua existência em Macau, onde foi professor e advogado. Apenas alguns dos poemas de sua *Clepsidra* (1ª ed. 1920) são de inspiração oriental, mas ali constam oito elegias chinesas das dinastias Ming e Tang, traduzidas por ele e publicadas primeiramente no semanário *O Progresso de Macau* (1914). O volume *China* (1944), publicação póstuma, compõe-se de vários artigos do poeta sobre a cultura chinesa que tanto admirava.

Manuel da Silva Mendes (1876-1932), contemporâneo de Camilo Pessanha, procurou registrar, em seus textos, a terra em que viveu por quase 30 anos. Colaborador de vários jornais da época (*A Vida Nova, Jornal da Pátria, Pátria*) e de revistas (*O Oriente, Revista de Macau*), as crônicas que mais representam a cidade foram selecionadas por Graciete Batalha em *Macau, Impressões e Recordações* (1979).

O romancista português Joaquim Paço d'Arcos, filho do governador de Macau (1918-1923), publicou duas obras com temas macaenses: *Amores e Viagens de Pedro Manuel* (1935) e *Navio dos Mortos e Outras Novelas* (1952). A primeira tem como personagem um chefe da polícia secreta de Macau que era também capitão de piratas nos mares da China. A segunda conta a história da filha de um rico chinês residente em Macau, assassinada pelo marido que, por princípios ideológicos, não admitia poder sua mulher herdar a fortuna do pai. O navio que fazia o transporte de mortos chineses do estrangeiro trouxe os corpos de ambos, pois o marido, condenado pela justiça inglesa, morrera na forca.

Curiosidades de Macau Antiga e Lendas Chinesas de Macau, Efemérides da História de Macau (1954), *Chinesices e Macau, Factos e Lendas* são crônicas que registram memórias e aspectos da vida e da história da Cidade do Nome de Deus, do macaense Luís Gonzaga Gomes (1907-1976). Grande conhecedor da língua chinesa, além de ter traduzido muitos textos chineses, publicou também o *Vocabulário Cantonês-Português* (1941) e o *Vocabulário Português-Cantonense* (1942). O seu espólio encontra-se atualmente no Arquivo Histórico de Macau.

Português de nascimento, vivendo em Macau por mais de 60 anos, o emérito historiador jesuíta Padre Manuel Teixeira tem mais de uma centena de títulos publicados. Sua vasta obra registra a evolução do Território desde a chegada dos portugueses, no século XVI, até os dias atuais. *Galeria dos Homens Ilustres do Século XIX* (1942), *Macau através dos Séculos* (1977), *Vultos Marcantes em Macau* (1982) são algumas de suas obras de valor não só histórico mas também literário[16].

Três escritoras têm-se destacado pela temática macaense. Deolinda da Conceição publicou contos no jornal *Notícias de Macau*, posteriormente editados no livro *Cheong-Sam, a Cabaia* (1956). Versam sobre a exploração feminina, em Macau, onde se vendiam e compravam crianças, onde o vício do ópio dominava, onde proliferavam os negócios com o tráfico de drogas, ouro e armas. Maria Pacheco Borges, colhendo impressões entre o povo chinês de Macau, registra-as em *Chinesinha* (1974), narrativas que abordam, sobretudo, a sensibilidade do povo. E a portuguesa Maria Ondina Braga, cujo percurso literário foi marcado desde os contos *A China Fica ao Lado* (1968), insere-se numa poetização da prosa em obras mais recentes sobre o Território: *Nocturno em Macau* (1991) e *Dias de Macau em Passagem do Cabo* (1994). Maria Ondina Braga faleceu em Portugal em janeiro de 2003.

Dos prosadores do final do século passado salientam-se Henrique de Senna Fernandes, nascido em Macau, Rodrigo Leal de Carvalho, natural dos Açores, que viveu no Território por mais de 40 anos, e João Aguiar. Senna Fernandes publicou *Nam Van – Contos de Macau* (1978) e os romances *Amor e Dedinhos do Pé* (1986) e *A Trança Feiticeira* (1993), estes dois últimos adaptados para o cinema. Seus protagonistas são sempre macaenses, tendo o

---

16. Manuel Teixeira faleceu em Portugal em 2003.

escritor o cuidado de reconstituir o ambiente de sua cidade. Quanto aos diálogos, um ou outro é que estão redigidos em *patoá*, para, segundo o próprio autor, não tornar a leitura mais difícil, e por ser impossível traduzir-lhe todas "as suas nuances e inflexões de sotaque, pronúncia e entonação, de tão surpreendentes efeitos".

Rodrigo Leal de Carvalho, destacado romancista na década de 1990, apresenta paisagens e personagens com fortes traços macaenses em: *Requiem para a Irina Ostrakoff* (1993), *Construtores do Império* (1994), *IV Cruzada* (1996), *Ao Serviço de Sua Majestade* (1996) e *O Senhor Conde e as suas Três Mulheres* (1999). Seus romances refletem aspectos lingüísticos, que revelam a variedade ds língua portuguesa naquela comunidade multilíngüe do Oriente, onde se uniram povos tão antípodas. O romance do metropolitano João Aguiar, *Os Comedores de Pérolas* (1992), procura expressar a angústia dos *filhos da terra* pela passagem da soberania para a China.

Resta-nos, ainda, uma referência aos textos em *patoá*. O poeta e prosador José dos Santos Ferreira, conhecido na Cidade do Nome de Deus por Adé, é seu maior representante. Suas obras *Poéma di Macau* (1983) e *Macau, Jardim Abençoado* (1988) são expressões vivas do dialeto, a *doce língu maquista*. Confira-se o poema em *patoá*, *Jardim Abençoado* e sua versão, do seu livro *Macau – Jardim Abençoado*:

Nôsso Macau, tera sánto,	Nossa Macau, terra santa,
Sã unga jardim bendito	É um jardim bendito
Co fula di más bonito,	Onde flores das mais lindas
Semeado na tudo cánto.	Desabrocham por todos os cantos.
Tudo fula sã abençoado,	São abençoadas as flores,
Pôs Dios j'ajudá semeá,	Pois Deus nos ajudou a plantar
Gente antigo rega	E os nossos antepassados as regaram
Co lágri adocicado.	Com lágrimas adoçadas.
Coraçám, triste, churá,	O coração chorará, tristíssimo,
Almá ficá margurado	E a alma escurecerá amargurada
Si têm gente mal-prestado	Se gente desajeitada
Dessá fula cai, muchá.	Deixar cair murchas as flores.
Macau sã casa cristám	Macau é casa cristã

Qui Portugal já ergui;	Que Portugal edificou;
Tudo gente vivo aqui	Todos quantos aqui vivem
Têm fé na su coraçám.	Têm fé no seu coração.
Olá fé co amor juntado,	Ver juntos fé e amor
Sã cuza Dios más querê...	É das coisas que mais agradam a Deus...
Vôs ne-bom disparecê,	Não queremos que pereças
Macau, jardim abençoado.	Macau, jardim abençoado.

Hoje Macau é mundialmente considerada uma cidade-museu, onde transitam milhares de turistas. A sua sedução está numa mistura de pessoas, hábitos, construções, com seus templos, pagodes, conventos, mesquitas, casas chinesas, palácio português, onde estão interligadas culturas e formas. Ali, naquele longínquo espaço do continente asiático, a língua portuguesa, apesar de ter um número reduzido de falantes, acumula um patrimônio cultural valioso.

Tem havido em Macau "grande esforço de intervenção na defesa e valorização do patrimônio histórico, cultural e arquitetônico", como disse Jorge Rangel. E, ainda, que "a voz das pedras recordará às gerações vindouras" que importa continuar o convívio das culturas[17].

Não foi sem razão Benjamim Videira Pires ter dito que Macau é resultado de "duas culturas seculares e opulentas – a portuguesa e a chinesa – que se encontram e fundem, em transculturação criadora".

---

17. *Op. cit.*, p. 84.

Título	Percursos pela África e por Macau
Autora	Benilde Justo Caniato
Produção Editorial	Aline Sato
Revisão	Geraldo Gerson de Souza
Capa	Aline Sato
Ilustração da Capa	Henrique Xavier
Editoração Eletrônica	Amanda E. de Almeida
Formato	12,5 x 20,5 cm
Tipologia	Berkeley Book
Papel	Cartão Supremo 250 g/m² (capa)
	Polén Soft 80 g/m² (miolo)
Número de Páginas	126
Fotolito	Liner Fotolito
Impressão e Acabamento	Lis Gráfica